Daniela Kreissig

Authentisch netzwerken

Die edition Coaching & More wird herausgegeben von

Stefan Baumgarth und Inge Bell

Band 1

www.edition-coaching.info

Daniela Kreissig

Authentisch netzwerken

Wie Sie als Geschäftsfrau glaubwürdig auftreten,
als Profi punkten und Gleichgesinnte gewinnen

edition **Coaching & More**
Leipzig

www.danielakreissig.de

Bibliografische Information der Deutschen Nationalbibliothek
Die Deutsche Bibliothek verzeichnet diese Publikation in der Deutschen Nationalbibliografie; detaillierte bibliografische Informationen sind im Internet über *http://dnb.ddb.de* abrufbar.

Bibliographic information published by Die Deutsche Nationalbibliothek
Die Deutsche Bibliothek lists this publication in the Deutsche Nationalbibliografie; detailed bibliographic data are available in the Internet at *http://dnb.ddb.de*.

Die *edition Coaching & More* ist ein Imprint der Baumgarth Consulting GmbH, Leipzig:

Baumgarth Consulting GmbH
Stefan Baumgarth
Institut für anschauliches Lernen
Hainstraße 11, 04109 Leipzig
www.baumgarth-consulting.de

Redaktion: Inge Bell
Umschlaggestaltung und Satz: Axel Wünsche, Bell Media
Unter Verwendung einer Fotografie von Kathleen Pfennig

ISBN 978-3-96111-615-7

© Baumgarth Consulting GmbH, Leipzig 2017
Alle Rechte vorbehalten

Für Mutschka

INHALTSVERZEICHNIS

VORWORT DER HERAUSGEBERIN	11
VORWORT VON DANIEL SENF	13
WIESO EIN BUCH ÜBER NETZWERKEN UND EIGENMARKETING? WIESO VON MIR?	15
WOZU ÜBERHAUPT NETZWERKEN?	21
VON AUSREDEN UND AUSFLÜCHTEN – WAS HAT SIE EIGENTLICH BISHER VOM NETZWERKEN ABGEHALTEN?	23
AUTHENTISCH NETZWERKEN	29
Raus aus Ihrer Komfortzone!	29
Raus aus der Tandem-Falle, rein ins Selbstbewusstsein!	29
Starten Sie als Alleingängerin – inspirieren Sie andere!	31
Pünktlichkeit ist eine Zier…	32
Authentisch bis zum Äußer(st)en!	33
IM INTERVIEW: SUSANNE THEISEN, UNTERNEHMENSBERATERIN	37
VERHALTEN AUF NETZWERKEVENTS	43
Innere Einstellung	43
Wertschätzung zeigen – schon bei der Begrüßung	44

Geben Sie Newcomern das Gefühl, willkommen zu sein!	46
Das Eis brechen: mit Unbekannten ins Gespräch kommen	49
Zulabern oder Zuhören?	49
„Zielfahndung" und andere Kongress-Strategien	52
Von Männern und Frauen	54
Bedanken Sie sich!	55

IM INTERVIEW: WALTER STUBER, UNTERNEHMER 57

GESUNDHEIT UND LEBENSFREUDE – SCHLÜSSEL ZUM
ERFOLGREICHEN NETZWERKEN 59

Ja oder Nein zur Lebensfreude?	59
Lebensfreude kann man lernen	60
Klare Kommunikation	63
Seien Sie gut zu sich!	66
Biegen Sie auf Ihre Zielgerade ein!	67
Geistige Nahrung, körperliche Nahrung	71
Raus aus der Angst, rauf auf die Bühne des Lebens!	73

IM INTERVIEW: VIOLA KLEIN, UNTERNEHMERIN 81

HANDFESTE TIPPS FÜR IHREN AUSSENAUFTRITT 85

Visitenkarten	85
E-Mail-Signatur	86
Gute Fotos	88
Online Auftritt in den Social Media: Facebook, XING & Co.	91
Kontakte pflegen	94
Mit Namen-Merken punkten	94

IM INTERVIEW: HANNES CHRISTEN, UNTERNEHMER	97
SELBSTTEST: WELCHER NETZWERKTYP SIND SIE?	101
NO-GOS BEIM NETZWERKEN	105
Online No-Go	105
Offline No-Go	108
NETZWERKEN UND DIE KARMISCHEN PRINZIPIEN	111
FÜNF NETZWERK-GESCHICHTEN	113
MEINE PERSÖNLICHE ZITATESAMMLUNG	117
DANKE	119

VORWORT DER HERAUSGEBERIN

Zukunftsforschende sprechen vom „Jahrhundert der Frauen", vom Megatrend „Individualisierung" und von der „Ära der Achtsamkeit". Unsere Gegenwart zeigt uns täglich, dass wir heute mehr als je zuvor unseres eigenen Glückes Schmied sind – ja, sein müssen. Im Innen wie im Außen.

Gerade Frauen können das gut, sie navigieren bravourös über alle Brüche und Unwägbarkeiten eines Lebens hinweg: als Mitarbeiterin, Chefin, Kollegin; als Mutter, Ehefrau, Geliebte; als pflegende Tochter, beste Freundin, verlässliche Nachbarin. Doch oft sind sie sich gar nicht bewusst, was sie alles „wuppen". Oft stellen sie ihr Licht unter den Scheffel oder stoßen in ihrer Karriere an gläserne Decken.

Dieser Praxisratgeber – geschrieben von einer starken, modernen Frau – kann starken, modernen Frauen (die vielleicht gar nicht wissen, wie stark und modern sie eigentlich sind) dabei helfen, sich mutig weiter hinaus zu trauen auf die Bühne ihres Berufslebens. Souverän im Selbstmarketing und authentisch im Auftritt.
Daniela Kreissig zeigt anschaulich, wie es Frauen im Aufbruch gelingt, ein belastbares und passendes Netzwerk aufzubauen: ein Netzwerk, das ihnen den Alltag in Business und Privat erleichtert, das berufliche Erfolge planbarer macht – und ihnen noch mehr Lebensfreude schenkt. Lassen Sie sich inspirieren!

Ihre Inge Bell

Inge Bell ist Medienunternehmerin, Menschenrechtsaktivistin und Management-Coach. Sie ist Preisträgerin „Frau Europas" und Trägerin des Bundesverdienstkreuzes. Als Herausgeberin der Reihe „edition Coaching & More" setzt sie sich zusammen mit Herausgeber Stefan Baumgarth dafür ein, dass echtes Praxiswissen aus Business und Coaching Menschen bei ihrer Persönlichkeitsentwicklung unterstützt.

VORWORT VON DANIEL SENF

Vor wenigen Tagen erhielt ich eine Nachricht über Facebook von Daniela Kreissig, der Autorin dieses Buches. Sie fragte mich, ob ich das Vorwort dafür schreiben würde. Und obwohl ich gerade im Urlaub in Südengland weilte, sagte ich nach dem Austausch ein paar weiterer Details wenige Minuten später zu. Dabei hatten wir uns vorher erst zweimal persönlich getroffen! Aber von einen gemeinsamen Bekannten war ich ihr für dieses Vorwort empfohlen worden. Dieses kleine Beispiel zeigt für mich sehr gut die Wirkung eines funktionierenden Netzwerkes.

Es ist nun rund 10 Jahre her, dass ich bewusst angefangen habe, zu netzwerken. Etwa zwei Jahre zuvor hatte ich eines meiner heutigen Unternehmen gegründet und war auf der Suche nach neuen Geschäftskontakten. So schnell wie möglich wollte ich potentielle Kunden kennenlernen und mit diesen ins Geschäft kommen. So begann ich, Veranstaltungen verschiedenster Netzwerke zu besuchen, um ein für mich passendes zu finden. Und schon sehr bald merkte ich, dass ich meine Vorstellungen vom Netzwerken anpassen musste, wenn dies auch nachhaltig und effektiv sein sollte. Denn persönlich nervten mich diejenigen Menschen sehr schnell, die außer meinem Namen noch nichts von mir wussten – und mir schon etwas verkaufen wollten. Zu dieser Sorte Vertriebler wollte ich keinesfalls gehören!

Also begann ich stattdessen damit, die Menschen die ich traf kennenzulernen. Ich besuchte Veranstaltungen und Konferenzen, engagierte mich ehrenamtlich – und hörte auf, aktiv meine Produkte zu verkaufen. Rasant vergrößerte sich mein Netzwerk und ich wurde ein gern gesehener Gesprächspartner. Leute kamen auf mich zu und baten um Tipps oder Empfehlungen – und ich entdeckte die Freude daran, Menschen zusammen zu bringen. Und scheinbar ganz von allein wurden dann auch geschäftliche Anfragen an mich herangetragen. Aus meinem Netzwerk – aber auch aus dem Umfeld meiner Kontakte. Ohne damals bestimmte Regeln fürs Netzwerken zu kennen, habe ich wohl instinktiv eines richtiggemacht: ich habe meinen Kontakten stets gern etwas gegeben, ohne dafür eine Gegenleistung zu verlangen. Gewonnen habe ich dadurch unendlich viel mehr! Nicht immer sofort – aber es kam stets der Moment, in dem ich auf Menschen traf, die mich dann genauso uneigennützig unterstützten.

Inzwischen generiere ich rund 90% meines Umsatzes ausschließlich über mein Netzwerk. So ist Verkaufen nicht anstrengend oder aufdringlich, sondern macht Spaß! Richtig angestellt bereitet Netzwerken also Vergnügen und hilft Ihnen gleichzeitig dabei, sich weiterzuentwickeln und Ihre Unternehmung erfolgreich zu machen.

Nun aber genug der Vorrede. Ich wünsche Ihnen viel Vergnügen bei der Lektüre dieses wichtigen und gehaltvollen Ratgebers und wundervolle Begegnungen beim Netzwerken. Und wenn Sie mich irgendwo erspähen: kommen Sie gerne auf mich zu! Ich freue mich auch heute noch über jeden Menschen, den ich kennenlernen darf.

Ihr Daniel Senf

Daniel Senf ist Inhaber der Fremdsprachen-Akademie. Sie bietet deutschlandweit individuelle Sprachkurse und Übersetzungen für Geschäftskunden an (www.fremdsprachenakademie.de). Persönlich begeistert er seit mehr als 10 Jahren zahlreiche Zuhörer mit seinen Gedächtnistrainings sowie Seminaren zu Speed-Reading und Präsentationstechniken und ist als Berater zum Thema Unternehmensnachfolge tätig.
Im Ehrenamt war Daniel Senf Bundesvorsitzender der Wirtschaftsjunioren Deutschland, dem größten Verband der jungen Wirtschaft in Deutschland. Heute ist er Senator und Fördermitglied des Verbandes. Darüber hinaus ist er Mitglied in zahlreichen weiteren Wirtschaftsverbänden sowie im Bildungsausschuss des DIHK und gestaltet so das wirtschaftliche und gesellschaftliche Geschehen in Deutschland aktiv mit.

WIESO EIN BUCH ÜBER NETZWERKEN UND EIGENMARKETING? WIESO VON MIR?

Ich habe schon immer gern Menschen zusammengebracht und bei jeder Gelegenheit geholfen oder wenigstens versucht zu helfen. Nur war mir viele Jahre überhaupt nicht bewusst, dass genau das eigentlich „Netzwerken" ist. Schon in der Schule habe ich Mitschüler, die neu in die Klasse kamen, angesprochen und mit den anderen bekannt gemacht. Hat jemand irgendwo Unterstützung benötigt, habe ich überlegt, wer helfen könnte.
Ich bin in der DDR geboren. Ab der 3. Klasse hatte ich die Funktion der Kassiererin inne. Zu DDR-Zeiten gab es in jeder Klasse einen „Schriftführer", das war meist derjenige/diejenige mit der leserlichsten Schrift und dieser musste bei Sitzungen protokollieren. Es gab einen „Klassensprecher", wie es ihn heute auch noch gibt und es gab einen „Kassierer", und das war ich. Ich war 5 Jahre lang Kassiererin in unserer Klasse, danach kam die Wende – und es durfte keinen Kassierer mehr geben. In diesem „Job" war ich für die Klassenkasse verantwortlich. Am Anfang jeden Schuljahres wurde von der Klasse ein Betrag festgelegt, der monatlich in die Klassenkasse eingezahlt wurde. Ich war verantwortlich dafür, dass dieser auch von allen eingezahlt wurde.
Dadurch war ich ohnehin angehalten, auf alle Mitschüler jeden Monat zuzugehen, um sie an die Zahlung zu erinnern oder diese einzusammeln. Das war auch schon Netzwerken, das weiß ich heute. Geh' auf andere zu und sprich sie an, auch wenn du vielleicht Besseres vorhast.
Und nimm, sofern es deine Zeit erlaubt, Ämter wahr! Übernimm ein Ehrenamt oder engagiere dich in einem Verein. Auch dort kann man wunderbar netzwerken.

Nach meinem Realabschluss begann ich eine Lehre als Fotografin. Im vierwöchigen Wechsel hatten wir den theoretischen Teil der Ausbildung in der Fotoschule in Potsdam-Babelsberg, wo ich auch meinen späteren Partner kennenlernte. Wir eröffneten zwei Jahre nach der bestandenen Gesellenprüfung ein eigenes Fotostudio in Dresden, gleichzeitig bekam ich mein erstes Kind. Der Spagat zwischen Existenzgründung und Kinderbetreuung war nur mit einem großen Netzwerk an guten Freunden zu schaffen. Gerade die Samstage waren oft schwierig, da das Geschäft besetzt sein musste, die Kita aber geschlossen war. Besondere Herausforderung waren stets die Samstage, an denen Mitarbeiter im Urlaub und andere krank waren. Mit bis zu vier Angestellten hatten wir ein kleines, florierendes Unternehmen, und es machte mir großen Spaß. Mein Partner und ich – wir waren ein sehr gutes Team. Er kümmerte sich um alles Technische und Investitionen und ich machte „alles drumrum". Also Mitarbeiterführung, Finanzen, Buchhaltung, Marketing, Behörden und alles, was sonst so anfällt. Und das war viel. Aber es war mir eine große Freude und ein großer Spaß. Das ging fast 10 Jahre so – bis zu unserer Trennung.

Da ich „nur" Angestellte auf 450 DM Basis war (heute weiß ich, dass das das Blödeste war, was ich machen konnte; doch immer noch machen es viele Frauen in der Selbständigkeit so) mit einer 45 Stunden Woche zzgl. Kinder, Haushalt etc., stand ich nach der Trennung alleinerziehend mit zwei kleinen Kindern beruflich auf der Straße. Was nun?

Ich bewarb mich dann bei einigen Firmen und wurde auch oft zu Vorstellungsgesprächen eingeladen. Es war immer das gleiche: sobald die Sprache auf meine Kinder kam und die Tatsache, dass ich alleinerziehend war, sah ich deutlich in den Gesichtern meiner Gegenüber, dass ich jetzt „raus" war. Nach einigen solcher Gespräche sagte ich mir: „Du kannst jetzt entweder weiter Deine Zeit und Energie für solche sinnlosen Gespräche vergeuden und am Ende nichts erreichen oder du denkst sofort in eine andere Richtung!"

Diese andere Richtung hieß Selbstständigkeit. Nur womit?

Ich setzte mir Prioritäten. Ich wollte für die Kinder da sein, also kam nur etwas in Frage, was ich von zu Hause aus machen konnte. Ich wollte keinen Kredit aufnehmen. Den hätte ich sowieso nicht bekommen in meiner Situation als Alleinerziehende. Und ich wollte etwas tun, was mir Spaß macht und womit ich zeitlich unabhängig sein konnte. Also war die Frage für mich: „Was kannst du tun, ohne Geld, von zu Hause aus, mit Telefon, Computer und deiner Persönlichkeit?"

Irgendwann fand ich im Internet die Idee einer „Wunschagentur". Diese österreichische Agentur erfüllte Menschen ihre mehr oder weniger ausgefallenen Wünsche, z.B. einmal einen Tiger streicheln oder Bagger fahren. Da es damals in Deutschland so etwas noch nicht gab, und ich die Idee toll fand, kontaktierte ich die österreichische Geschäftsfrau kurzerhand und fragte sie, ob sie etwas dagegen hätte, wenn ich das Gleiche in Deutschland mache. Aus heutiger Sicht, war ich damals wahnsinnig rücksichtsvoll. Heutzutage werden Projekte, Geschäftsmodelle und Produkte oft einfach kopiert und nachgemacht. Wir kamen uns damals schon von den unterschiedlichen Ländern her nicht in die Quere, und trotzdem fragte ich brav, ob sie was dagegen hätte. Sie hatte es nicht und wir tauschten uns die kommenden Monate regelmäßig aus. Ich startete mit meiner Wunschagentur in Dresden – und es klappte auch. Ich erfüllte die unterschiedlichsten Wünsche, meine Kunden verbrachten zum Beispiel einen Tag beim MDR, oder ich stellte für sie einen kompletten NVA-Tag nach, also einen Tag bei der Nationalen Volksarmee inklusive Einberufungsbefehl, Sturmbahn absolvieren, Feldküche etc. Aber ich wollte nicht so isoliert sein. Denn durch die lange Zeit im Fotostudio und die Betreuung meiner Kinder hatte ich zwar ein großes Freundesnetzwerk, aber es waren fast alles Angestellte. Ich kannte kaum eine andere selbstständige Frau – und wollte mich aber beruflich austauschen und fortentwickeln können. Ich schaute mir also mehrere berufliche Netzwerke in meiner Umgebung an und fand keines, das für mich passend gewesen wäre. Bei manchen waren es mir zu viele private Gespräche, zu viel Klatsch und Klagen, andere waren für mich finanziell unerschwinglich und bei wieder anderen waren mir die Mitglieder in ihrer Selbstständigkeit zu weit voraus, so dass ich dachte: „Die geben sich sowieso nie mit mir ab. Ganz frisch gegründet und dann noch alleinerziehend mit zwei kleinen Kindern. Na ob das überhaupt was wird..."

Diesen Satz hörte ich auch tatsächlich manchmal und wenn ich ihn nicht hörte, sah ich ihn in den Gesichtern.

Also gründete ich mein eigenes Business-Netzwerk. Da ich das Fahrrad nicht komplett neu erfinden wollte, schaute ich erst einmal überregional, was da so an Netzwerken geboten wurde, und fand ein Netzwerk in Berlin, das mir vom Konzept her zusagte.
Also rief ich die Veranstalterin in Berlin an und fragte, ob sie etwas dagegen hätte, wenn ich das Konzept in Dresden durchführen würde. Sie freute sich sehr darüber und hatte überhaupt nichts dagegen. Sie lud mich zur nächsten Veranstaltung nach Berlin ein und ich fuhr hin. Man muss dazu sagen, dass ich zuvor tatsächlich noch nie alleine in Berlin war, zumindest nicht mit dem Auto. Ich hatte auch kein Navigationsgerät, das war damals Mitte der 2000er Jahre nämlich noch keine Selbstverständlichkeit. Also druckte ich mir via Routenplaner die Strecke auf ein A4-Blatt und fuhr los. Zur Rush Hour am Freitagnachmittag zuckelte ich durch Berlin und fand tatsächlich relativ schnell die Location. Es war eine schöne Veranstaltung, und ich wusste nun: genau das möchte ich auch in Dresden machen. Als ich wieder zum Auto kam, fiel mir ein, dass ich zwar den Hinweg ausgedruckt hatte, aber völlig vergessen hatte, den Rückweg mit auszudrucken. Da dachte ich: „Gut, fährst du eben solange durch Berlin, bis irgendwann mal ein Schild zur Autobahn kommt." Und wer Berlin ein bisschen kennt, weiß, dass das nicht allzu lange dauert. Inzwischen bin ich sehr oft in Berlin, und es macht mir überhaupt nichts mehr aus, zumal ich jetzt auch ein Navi habe. Aber 2006 waren die Verhältnisse doch etwas anders als heute. Und ja – ich fand mich mutig und war stolz auf mich, dass ich das so geschafft hatte.

Ich hatte nun also in Dresden mein eigenes Veranstaltungsformat und organisierte monatlich Netzwerktreffen. Ich lud ein, was das Zeug hielt, und es kamen tatsächlich Unternehmerinnen – immer mehr und mehr – und wir hatten viel Spaß. Keinen Klatsch und Tratsch, sondern hilfreiches Netzwerken. Dies baute ich über viele Jahre aus und mein Netzwerk wurde immer größer.
Als sich nach etwa drei Jahren im Berliner Netzwerk einiges änderte,

ging ich in Dresden meinen eigenen Weg. Ich gründete 2009 das „Ladies Dinner - Der Unternehmerinnentreff" und organisiere es noch heute. Hinzu kam später der „LADY BUSINESS CLUB", auch ein Veranstaltungsformat für Unternehmerinnen, allerdings mit einem ganz anderen Konzept. Beim Ladies Dinner trafen wir uns am Abend. Es gab Fingerfood und einen inspirierenden Vortrag einer Referentin zu einem Businessthema wie Marketing, Personalführung oder ähnliches. Anschließend ging es um das entspanntes Netzwerken und Kontakte knüpfen. Beim LADY BUSINESS CLUB geht es hingegen nicht nur um den beruflichen Austausch, sondern um den Blick über den Tellerrand. Dazu lade ich spannende Persönlichkeiten aus Kultur, Wirtschaft und Politik zu monatlichen Lunchtreffen ein. Sie berichten von ihren Herausforderungen und geben damit Einblicke in einen Alltag, die man sonst selten bekommt. Weiterhin gibt es Outdoor-Veranstaltungen mit anderen Unternehmerinnen – immer mit dem Ziel, raus aus der Komfortzone zu kommen, andere Ansichten und Einsichten zu bekommen und so dem „Business-verbastelten" Kopf neue Impulse zu geben.

Die „Wunschagentur" führte ich natürlich neben den Netzwerkveranstaltungen erfolgreich weiter und entwickelte sie im Laufe der Zeit zu einer Eventagentur. Hier organisierte ich u.a. auch Messeveranstaltungen mit bis zu 10.000 Besuchern pro Messe. In diesen Jahren habe ich sehr viele Menschen kennengelernt und mein Netzwerk immer weiter vergrößert. Was mir besonders in den Jahren der Messeorganisation auffiel, war, das es Frauen gibt, die sich ganz toll präsentieren können und Netzwerkevents effektiv nutzen. Und andere – und das war der weitaus größere Teil –, die gar nicht wussten, wie sie sich präsentieren sollten. Es gab Unternehmerinnen, die klebten mit Klebeband ein von Hand beschriebenes A4-Blatt an die kahle, graue Messewand und wunderten sich dann, dass die Besucher kein Interesse an ihrem Stand zeigten. Manche setzten sich im Klappstuhl hinter ihren „Tapeziertisch" und lasen den ganzen Tag Zeitung. Ich war anfangs wirklich sauer, weil ich das so schrecklich fand, und ich konnte lange Zeit gar nicht verstehen, wie man sich nur so schlecht präsentieren könne. Zumal diese Frauen ja auch viel Geld für den Standplatz bezahlt hatten. Bis ich darauf kam, dass es viele

Frauen gibt, die gar nicht wissen, wie man sich gut präsentiert und wie man sich bekannt macht. Seitdem beobachtete ich noch genauer, was die Unternehmen und Unternehmer/ Unternehmerinnen, die es richtig machen, anders machen. Ich probierte und probiere es selbst aus und gebe mein Wissen in Form von persönlichen Trainings und Vorträgen weiter.

Seit einigen Jahren organisiere ich selbst den einmal pro Jahr stattfindenden „Unternehmerinnenkongress" in Dresden und gehe auf viele Netzwerkevents. Es macht mir immer noch und immer wieder riesigen Spaß, immer neue Menschen kennenzulernen und deren Geschichten zu hören. Und ich freue mich sehr, wenn Unternehmerinnen zu mir kommen und mir berichten, dass sie auf meinen Events tolle Kontakte geknüpft haben, aus denen gewinnbringende Geschäftsbeziehungen oder auch private Freundschaften entstanden sind.

Ich weiß um die Kraft des Netzwerkens aus eigener Erfahrung. Ich habe in schweren Zeiten erfahren, wie hilfreich, stützend und wirksam es sein kann. Und wie sehr es uns pushen kann, wenn wir richtig gute Zeiten haben. Deshalb möchte ich meine Erfahrungen an die weitergeben, die sich vielleicht noch nicht trauen, über ihren Schatten zu springen.

WOZU ÜBERHAUPT NETZWERKEN?

Netzwerken bringt nicht nur neue Menschen und spannende Geschichten in Ihr Leben, sondern es bringt auch Sie selbst in Ihrer Persönlichkeit weiter. Beim Netzwerken trainieren Sie, öffentlich zu sprechen und sich zu präsentieren.
Sie sind Expertin auf Ihrem Gebiet? Na prima, dann bieten Sie einen Vortrag an und machen sich damit bekannter. Vorträge sind ein prima Netzwerkinstrument. Sie sind nicht nur dazu da, Wissen zu vermitteln und die Zuhörer zu inspirieren. Auch die Vortragenden selbst machen so ihr Business bekannter und bekommen im besten Fall neue Kunden und Aufträge. Allerdings nur, wenn Sie als Redner/Rednerin glaubwürdig sind. Authentisch. Netzwerken zwingt Sie dazu, über sich selbst und Ihr Business nachzudenken. Wie können Sie noch besser werden? Was macht Sie eigentlich aus, was macht Sie besonders? Wie können Sie sich mehr einbringen ins Netzwerk? Wie können Sie andere dabei unterstützen, erfolgreich zu werden? Fragen über Fragen, die Sie sich stellen müssen, wenn Sie regelmäßig auf Netzwerkevents gehen.

Beim Netzwerken motivieren Sie nicht nur andere, sondern bekommen selbst ebenfalls sehr viel Motivation mit. Und Inspiration. Wenn Ihnen zum Beispiel jemand aus einer anderen Region eine Problemlösung nennt, weil dort vielleicht eine ganz andere Mentalität herrscht, mit der an Probleme herangegangen wird. Oder Sie übertragen Vorgehensweisen aus einer anderen Branche in Ihr Business. Beim Netzwerken bekommen Sie völlig neue Sichtweisen und frische Erkenntnisse. Und genau das macht dann riesigen Spaß und bringt Sie vorwärts. Weil Sie eben nicht mehr „im eigenen Saft baden", sondern immer wieder neu inspiriert und neu herausgefordert werden.

Netzwerken kostet Zeit – und es spart Zeit. Stellen Sie sich vor, Sie benötigen eine neue Steuerberaterin. Natürlich finden Sie unendlich viele Firmen im Internet und auch in Ihrer Nähe sind einige vertreten.

Aber sind sie auch Ihr Geld wert? Wer ist wirklich für Sie geeignet? Fragen Sie einfach Ihr Netzwerk. Je größer es ist, umso besser, denn umso bessere Empfehlungen erhalten Sie. Das spart Ihnen viel Zeit für lange Recherchen, Gespräche und schwere Entscheidungen.

VON AUSREDEN UND AUSFLÜCHTEN – WAS HAT SIE EIGENTLICH BISHER VOM NETZWERKEN ABGEHALTEN?

„Netzwerken" – das ist zum einen ein Buzzword, ein Modewort in aller Munde – und doch ist es bei einigen Menschen immer noch negativ behaftet: da ist von „Seilschaften" die Rede und von „Klüngelei". Dabei liegt es an uns selbst, was wir mit „Netzwerken" verbinden. Denn „Beziehungen schaden nur dem, der keine hat". Dieses Zitat stammt von Klaus Klages, einem deutschen Gebrauchsphilosophen und Abreißkalenderverleger. Der kluge Mann hat auch heute noch absolut Recht.

Im Laufe meiner Netzwerkpraxis habe ich immer wieder die folgenden Ausreden und Ausflüchte gehört, warum jemand bisher nicht netzwerken konnte:

„Das bringt ja nix"
Falsch! Netzwerken heißt Geben und Nehmen und: kontinuierlich dran bleiben. Netzwerken funktioniert nur langfristig, das geht nicht punktuell. Netzwerken braucht Zeit!
In der heutigen Zeit mit den vielen Online-Plattformen ist Netzwerken sogar viel effektiver geworden. Sobald sie wirklich in Ihr Netzwerk Empfehlungen und Input hineingeben und andere unterstützen, passiert es automatisch, dass Ihnen auch geholfen wird. Natürlich müssen Sie die anderen auch von Ihrem Gesuch in Kenntnis setzen. Wenn Sie zum Beispiel nie auf Facebook posten oder offen aussprechen, was genau Sie suchen und wo Sie gerade Unterstützung benötigen, dann kann Ihnen auch niemand helfen. Und: fokussieren Sie sich auch nicht nur auf die Businessebene. Wenn Sie privat einen Maler suchen, dann fragen Sie Ihr Netzwerk! Wenn Sie für Ihren Sohnemann einen guten Sportverein suchen, fragen Sie auch Ihr Netzwerk.

„Ich kenne dort keinen"
Dann sollten Sie erst recht schnellstmöglich mitmachen und dabei sein. Es gibt für alles ein erstes Mal. Sie werden ganz schnell feststellen, dass Sie auf dem einen oder anderen Event nicht die einzige sind, die zum ersten Mal da ist. Auch ich gehe gelegentlich auf Veranstaltungen, wo ich überhaupt niemanden kenne. Na und? Dann lerne ich die Leute dort eben kennen. Und selbst wenn ich mit keinem einzigen Kontakt ins Gespräch komme, dann habe ich mir die Veranstaltung angesehen, zugehört und kann mich entscheiden, diese Veranstaltung wieder zu besuchen oder eben nicht. Auch ich war bereits zu Gast auf Events, nach deren Besuch ich wusste, dass ich mir die Zeit hätte sparen können. Dennoch war es wichtig, dabei gewesen zu sein, um herauszufinden, dass ich mir künftig die Anmeldung sparen kann.

„Ich habe niemanden der mitkommt" – oder auch *„Die Tandemfalle"*
Als Event-Organisatorin habe ich oft Gelegenheit, erfolgreiche Frauen ganz nah kennenzulernen. Kurz bevor ich sie bei Kongressen auf die Speaker-Bühne geleite, gibt es da oft einen Moment für ganz Persönliches. Dann erzählen mir manche aus dem Nähkästchen, wie sie ihr Unternehmen und ihren Erfolg aufgebaut haben. Jede Geschichte ist anders. Aber es gibt einen Punkt, der bei fast allen gleich ist: Sie haben nicht gewartet, bis ihre beste Freundin das Gleiche tun wollte. Sie haben es einfach getan und ihre Geschäftsidee umgesetzt.
Bei der Vorbereitung zu meinen Netzwerkevents höre ich allerdings immer wieder Aussagen wie, „Ich würde ja so gern dabei sein, aber ich finde niemanden, der mitkommt." oder „Wenn meine Freundin geht, dann gehe ich auch."
Leider ist auch schon folgender Fall vorgekommen: Zwei Frauen melden sich gemeinsam an und eine der Damen muss aufgrund eines familiären Zwischenfalls die Teilnahme kurzfristig absagen. Was macht die zweite Dame? Sie sagt auch ab. „Nein, alleine ist das nicht so meins." und „Da kenne ich ja niemanden".

Das macht mich unendlich traurig. Denn diese Frauen nehmen ihre eigenen Chancen nicht wahr, nur weil eine Freundin an dem einen

Tag nicht kann oder will. Sie sind gefangen in der „Tandem-Falle". Diese Frauen werden so niemals ein starkes Netzwerk aufbauen können, weil sie sich sprichwörtlich nicht trauen, alleine auf die Toilette oder zum Netzwerken zu gehen. Für sie braucht es immer eine Freundin, und das erzeugt eine gegenseitige Abhängigkeit.

Eine der häufigsten Situationen, die mir Frauen in der Tandem-Falle geschildert haben, ist folgende: Sie waren gerade an der Bar und haben sich ein neues Getränk geholt. Ist die beste Freundin dabei, ist klar, was als nächstes passiert: Sie stellen sich gemeinsam an einen Tisch und besprechen die Themen, die sie vorher schon auf der Herfahrt kurz angerissen haben. Die anderen Gäste der Veranstaltung werden zur Hintergrunddekoration. Zum Netzwerken und zu neuen Kontakten kommt es dann nur noch, wenn jemand sie anspricht – falls sich jemand traut, dieses fest in sich geschlossene Tandem überhaupt anzusprechen. Denn ein „Eindringen" in so ein Tandem ist für andere Menschen kaum machbar, das kennen Sie möglicherweise aus eigener Erfahrung. Netzwerken wird damit unmöglich.

Laut Wikipedia bedeutet Netzwerken, „…der Aufbau und die Pflege von beruflichen und privaten Kontakten. Ziel ist ein Netzwerk aus einer Gruppe von Personen…, die sich beruflich und privat unterstützen, helfen oder kooperieren…"

Aber das Tandem blockiert – es hemmt mehr, als es hilft.

„Die wollen mir alle nur etwas verkaufen"
Sicherlich gibt es auf jeder Veranstaltung immer noch Menschen, die mit der Tür ins Haus fallen und sofort ihre Produkte anpreisen. Aber denken Sie einfach immer daran: auch das sind nur Angebote. Und ein Angebot können Sie annehmen oder ablehnen. Es liegt nur an Ihnen.
Sie können höflich sagen, „Vielen Dank, ich habe kein Interesse an dem Produkt". Ich selbst erlebe hin und wieder auch die klassischen Verkäufer, frei nach dem Motto „Wenn der Kunde Nein sagt, fängt der Verkauf erst an." oder „Dem Kunden fehlen noch Informationen"

etc. Auch bei diesen hartnäckigen Zeitgenossen schadet es nicht, ihnen klar, freundlich und bestimmt Ihre Meinung zu sagen und vor allem: dabei zu bleiben. Üben Sie es! Sehen Sie es als Training, klar und deutlich Nein sagen zu lernen. Gerade Frauen neigen dazu, sich von guten männlichen Verkäufern mit Charme einlullen zu lassen und lächelnd, aber schwach Nein zu sagen. Klar, dass der Herr erneut „angreift", er ist ja jetzt erst in seinem Element.

Sagen Sie selbstbewusst, deutlich und klar: Nein. Und sollte Ihr Gegenüber es immer noch nicht verstanden haben, dürfen Sie auch das Gespräch verlassen und gehen.

Diese penetranten und hartnäckigen Typen sind aber auf Events nicht unbedingt die Regel. Den meisten anderen Netzwerkenden geht es wirklich um eine gute Stimmung, neue interessante Kontakte und den Austausch.

„Ich weiß nicht, welches Netzwerk gut für mich ist"
Es gibt sehr viele Netzwerke in jeder Stadt. Und letztlich sind nicht nur die klassischen Businessveranstaltungen zum Netzwerken geeignet, sondern auch der Sportverein, der Chor oder soziale Engagements. Netzwerken kann man überall.

Wenn wir bei Businessevents bleiben, dann empfehle ich Ihnen, dass Sie sich am besten die lokal angebotenen Veranstaltungen ansehen. Natürlich können Sie auch danach gehen, wo Ihre Zielgruppe sich aufhält. Die meisten Events sind ein Mix aus Unternehmerinnen und Unternehmern – oder nur eine der beiden Gruppen –, und es geht dort in erster Linie um den Austausch und das Kennenlernen. Gemeinsame Aktivitäten oder Aufträge kommen dann ganz automatisch, wenn man sich näher, länger, besser kennt.

Schauen Sie sich an, welche Menschen dort sind, und wie Sie selbst mit ihnen zurechtkommen. Nicht jedes Netzwerk ist für jeden geeignet. Auch ich war bereits Mitglied in Vereinen und Clubs, aus denen ich wieder ausgetreten bin, weil ich mich nicht wohl gefühlt habe oder deren Ziele nicht (mehr) meine Ziele waren.

Es gibt Netzwerktreffen früh am Morgen, am Mittag oder am Abend, vom Business-Frühstück über den Business-Lunch bis hin zum Vortragsabend. Je nachdem, welche Zeit für Sie geeignet und umsetzbar ist, suchen Sie sich die entsprechenden Termine und gehen Sie hin. Nicht jeder kann morgens um 7 Uhr schon netzwerken oder seinen Elevator Pitch knackig rüber bringen und Empfehlungen geben. Und bei wieder anderen Menschen sind die Kundentermine immer am Abend, und für diese Personen ist es dann schwer, auch noch Events zu besuchen. Also gehen Sie es einfach entspannt an und besuchen Sie die Termine, die zu Ihnen und Ihrer „inneren Uhr" passen.

„Ich bin sehr schüchtern und traue mich nicht, andere anzusprechen"
Das geht vielen Menschen so und: das ist kein Problem. Nicht jeder Mensch ist eine „Rampensau".
 Introvertierte Menschen sind meist sehr gute Zuhörer. Das hat für Sie den Vorteil, dass Sie sehr viel über die anderen in Erfahrung bringen können. Wenn Sie sich nur einen kleinen Teil davon merken, haben Sie, wenn Sie den anderen wieder treffen, immer einen sehr guten Gesprächseinstieg. Das haben Sie der Rampensau auf jeden Fall voraus.
Befreien Sie sich von der Vorstellung, dass Sie beim Small Talk tiefgründige Gespräche führen müssen. Es geht erst einmal nur darum, mit einander ins Gespräch zu kommen und quasi „abzuchecken", ob man sich sympathisch ist und sich etwas zu sagen hat. Und dann kommen Sie entweder richtig ins tiefere Gespräch und haben ein gemeinsames Thema – oder eben nicht. Wenn die Chemie zwischen Ihnen beiden stimmt, entwickelt sich das Gespräch von ganz alleine, ohne Ihr bewusstes, bemühtes Zutun. Wenn nicht, ist das auch kein Problem, dann verabschieden Sie sich höflich und schauen sich nach anderen Gesprächspartnern um.

„Ich habe keine Zeit zum Netzwerken, weil ich so viel zu tun habe"
Die Ausrede, keine Zeit für etwas zu haben, verwenden wir gerne dann, wenn wir zu etwas entweder gerade keine Lust haben oder wenn wir dafür unsere „Komfortzone" verlassen müssten. Das gilt fürs Sport-Treiben oder für den Wunsch, endlich eine neue Sprache zu lernen. Es bedeutet erst einmal Überwindung und Zeitaufwand – und den Sieg über den inneren Schweinehund. So ist es auch beim Netzwerken: Es steht auf der Prioritätenliste vielleicht nicht ganz oben oder man hat den Sinn des Netzwerkens noch nicht wirklich

verstanden. Ganz grundsätzlich sollten Sie möglichst immer informiert sein, was gerade bei Ihnen in der Branche oder Ihrem Unternehmen los ist. Sie müssen ja nicht gleich fünf Abende die Woche zu Events gehen, aber manche sollten Sie doch nutzen, um Chancen und Trends nicht zu verpassen.

Und gerade wenn Sie so viel zu tun haben, ist es höchste Zeit, zu netzwerken: damit Sie Menschen finden, denen Sie Aufgaben abgeben können, um wieder mehr Zeit für sich und Ihre Familie oder Hobbys zu haben. Auf Netzwerkevents finden Sie Empfehlungen und gute Kontakte, um Ihre Probleme zu lösen.

Sie sehen selbst: all diese Ausreden können Sie sich ab sofort sparen. Gehen Sie es an! Netzwerken Sie authentisch!

AUTHENTISCH NETZWERKEN

Raus aus Ihrer Komfortzone!

Um ein starkes Netzwerk möglichst effektiv und zügig aufzubauen, rate ich allen Frauen, die ihre Unternehmen groß machen wollen, allein auf Businessveranstaltungen zu gehen. So lerne auch ich immer wieder neue Geschäftspartnerinnen kennen. Wir stellen uns selbst und unsere Unternehmen vor und machen uns damit bekannter.

Bestenfalls finde ich so neue Kunden. Auf jeden Fall lerne ich aber jedes Mal wieder wertvolle Businesskontakte aus anderen Branchen kennen, Menschen, die auch ich wieder unterstützen kann.

Ja, es ist manchmal unangenehm, sich abends nach einem langen Arbeitstag noch aufzuraffen und bei Regen in eine Veranstaltung zu gehen, die man dann erst um 23.30 Uhr verlässt und spät ins Bett kommt. Das gebe ich zu, das kenne ich auch. Aber ich tu' es gern für mich und mein Unternehmen. Denn ich weiß: die positiven Effekte überwiegen. Von einer sehr erfolgreichen Frau, die auch Rednerin auf meinem Kongress war, habe ich folgenden Spruch gehört: „Wenn Sie mindestens einmal pro Monat Ihre Komfortzone verlassen und unter vollkommen fremden Menschen netzwerken, werden Sie zwangsläufig erfolgreich."

Raus aus der Tandem-Falle, rein ins Selbstbewusstsein!

Ich gehe seit einigen Jahren nur noch alleine auf Netzwerkveranstaltungen, damit es genau nicht zu dem vorhin geschilderten Tandem-Effekt kommt. Und: auch ich konnte das nicht sofort. Anfangs war ich sehr unsicher. Ständig fragte ich mich: Wie kann ich ein Gespräch anfangen, ohne andere zu stören? Was passiert, wenn ich mich in peinliche Situationen bringe? Bin ich überhaupt gut genug? Und: Wie sieht Selbstbewusstsein bitte aus?

Dabei ist es erstaunlich einfach, wie ich rasch gelernt habe. Es beginnt damit, dass ich mir ein Getränk oder Häppchen an der Bar oder am Buffet hole – Catering ist immer Teil des Events – und mich dann mit meinem Getränk oder Teller alleine zu anderen Gästen an den Tisch stelle. Ich höre einfach erst einmal zu, worüber gerade gesprochen wird. Nach ein paar wenigen Minuten klinke ich mich dann in das aktuelle Gesprächsthema ein – vielleicht mit einer Frage oder dem Beisteuern einer Information – und schon beginnt das Netzwerken.

Das Gute an der Sache ist: wenn ich alleine da bin, dann bin ich gezwungen, diesen Schritt zu tun. Denn es ist unangenehmer, alleine rumzusitzen, als den Schritt zum Tisch mit den noch Unbekannten zu wagen. Vielleicht treffe ich ja ausgerechnet auf diesem Event die tolle Steuerberaterin, die ich schon seit Wochen suche, nach dem aufreibenden Ärger mit der letzten Kanzlei und dem Finanzamt. Oder die Kundin, welche genau DAS Produkt sucht, das schon lange in meinem Business-Plan steht. Oder eine andere Teilnehmerin, die genau DEN wichtigen Impuls zur Lösung eines Problems hat – oder eine Anregung zum Nachdenken.

Und das Beste ist: Wenn Sie diese Schritte tun, dann wirken Sie ganz automatisch selbstbewusst. Auf die anderen sowieso. Sie müssen es dann nur noch in sich selbst entdecken und dazu stehen. Sie werden heimgehen und stolz auf sich sein, wie Sie es geschafft haben, sowohl den inneren Schweinehund zu überwinden als auch Ihre Angst vor Blamage. Dieses gigantische selbststärkende Potential bleibt ungenutzt, wenn Sie im Tandem bleiben und sich über die schlechte Zahlungsmoral der Kunden nur bei Ihrer Freundin beklagen. Die ganzen anderen Kontakte, Ideen, Meinungen und Impulse eines Netzwerk-Tages oder einer Konferenz bleiben komplett ungenutzt.

Ich möchte damit nicht sagen, dass Sie Veranstaltungen nicht weiterempfehlen sollen oder sich regelrecht weigern, gemeinsam hinzugehen. Darum geht es nicht. Es geht darum, dass keine Frau ihre Teilnahme an Konferenzen, Tagungen und Treffen jemals davon abhängig machen sollte, ob eine zweite Person mitkommt. Netzwerken ist eine höchstpersönliche Angelegenheit. Deshalb braucht es mehr positives Alleingängerinnentum – denn es geht schließlich ganz allein um Ihr eigenes Business.

Den netten Abend mit der Freundin – der auch unser Selbstbewusstsein stärkt, gar keine Frage! – verlegen Sie dann einfach an einen anderen Tag.

Starten Sie als Alleingängerin – inspirieren Sie andere!

Wenn ein Kongress oder ein Event zum beruflichen Vorankommen und Vernetzen angeboten wird, dann entscheide ich zunächst ganz allein als Unternehmerin, ob ich diesen Abend für das Erreichen meines nächsten beruflichen Levels nutzen möchte oder nicht. Wenn meine Entscheidung zur Teilnahme gefallen ist, dann melde ich mich einfach an. Und zwar allein.

Danach kann ich anderen Freundinnen und Netzwerk-Partnerinnen davon erzählen, dass ich mich angemeldet habe. Mit großer Sicherheit werden nach diesem Alleingang dann nämlich andere meinem Impuls folgen.

Das hat überhaupt nichts mit Ellenbogen-Taktik zu tun und auch nichts mit Arroganz, wie mir schon manche Frau in der Tandem-Falle erzählte. Es hat schlicht etwas mit positivem Alleingängertum zu tun. Mit Bewusstsein für sich selbst und die eigenen Belange. Mit Selbstbewusstsein.

Wenn Sie dann tatsächlich mit Bekannten oder Freundinnen zu dem Netzwerkevent gehen – stellen Sie vorher klar, dass jede hier ist, um „ihre Frau zu stehen", neue Kontakte zu knüpfen, die für das ureigene Business interessant sind – und nicht, um gemeinsam auf die Damentoilette zu gehen.

Pünktlichkeit ist eine Zier…

Auch beim Netzwerken gibt es einige Verhaltensregeln, die Sie beachten sollten. Dazu gehört allem voran: Pünktlichkeit und Zuverlässigkeit. Aus meinen Erfahrungen als Veranstalterin weiß ich gut, dass viele es mit der Pünktlichkeit nicht ganz so genau nehmen. Fairerweise muss ich aber zugeben, dass manche Einladungen auch recht verwirrend geschrieben sind. Für mich als Teilnehmende einer Netzwerkveranstaltung bedeutet „Beginn 19.00 Uhr", dass ich spätestens um 18.50 Uhr vor Ort bin, um pünktlich zur Eröffnung da zu sein. Allerdings bedeutet die gleiche Aussage bei manchen Veranstaltern, dass es erst um 19.00 Uhr in die Location hinein geht. Ich habe selbst erlebt, dass ich bei oben genanntem Beginn etwas früher da war, ca. 18.40 Uhr und völlig erstaunt angesehen wurde, da doch erst um 19.00 Uhr Einlass sei. Somit stand ich 20 Minuten draußen. Und der offizielle Beginn der Veranstaltung war dann erst um 19.30 Uhr. Wenn Sie mit anderen Menschen, denen es ebenso geht, draußen stehen – umso besser, dann kann das Netzwerken beginnen! Je öfter man zu Netzwerkevents geht, desto schneller bekommt man die Eigenheiten der jeweiligen Veranstalter mit und weiß einzuschätzen, was mit „Beginn" wirklich gemeint ist.
Grundsätzlich empfehle ich aber, beim Netzwerken besser unter den Ersten zu sein, denn wenn zu Beginn noch sehr wenige Gäste da sind, kommen Sie mit Menschen ins Gespräch, die Sie sonst möglicherweise nie kennengelernt hätten.

Der zweite wichtige Punkt ist die Zuverlässigkeit. Wenn Sie mit einem Menschen vereinbaren, dass Sie ihn am nächsten Tag anrufen, dann tun Sie das bitte auch. Und wenn Sie jemandem versprochen haben, ihm den Kontakt einer anderen Person zu senden, dann tun Sie bitte auch das. Wenn Sie der Mensch sind, dem das versprochen wurde, würden Sie es schließlich auch so haben wollen. Von Ihrer Zuverlässigkeit auf Events wird automatisch auf Ihre Zuverlässigkeit im Business geschlossen. Wenn Sie sich trotz Zusage, nicht melden, gehen die anderen davon aus, dass Sie sich auch im Business nicht an Ihr Wort halten werden.

Haben Sie erst einmal solch ein schlechtes Image, wird es schwer, die anderen wieder von Ihren Leistungen zu überzeugen.

Ordentliche Umgangsformen gehören selbstverständlich auch dazu, aber ich gehe jetzt davon aus, dass Sie diese auch haben. Es lohnt sich übrigens immer wieder, die „gute Kinderstube" mit einem Blick ins Internet aufzufrischen und sich entsprechende Tipps durchzulesen, wenn Sie in puncto „Manieren" einmal unsicher sein sollten.

Authentisch bis zum Äußer(st)en!

Ein komplexes und auch ein heikles Thema, zumal für Frauen: Ihr Äußeres und Ihr Auftreten.
Mein Ziel ist, Sie zum Strahlen zu bringen und Ihr Potential für andere sichtbar zu machen – gerade auf Netzwerkveranstaltungen. Oft stellen wir Frauen unser Licht unter den Scheffel und denken: „Ach, es ist ja gar nix besonderes, was ich so mache." Und doch ist es das! Egal, was Sie machen und welche Dienstleistung oder welches Produkt Sie anbieten. Sie machen es auf Ihre ganz eigene Weise, auf Ihre besondere Art und das ist etwas Besonderes! Sie werden die Kunden finden, die genau Ihre Arbeitsweise schätzen und lieben und einen Auftrag genau von Ihnen produziert, durchgeführt oder bearbeitet haben möchten. Wenn diese Kunden Sie erst kennen.
Ich vergleiche das immer mit einem Bäcker. In fast jedem größerem Ort gibt es mehr als nur einen Bäcker. Jetzt könnte man sagen, warum gibt es denn mehrere? Die backen doch alle Brötchen und Kuchen. Oberflächlich betrachtet tun sie das, ja. Schaut man aber genauer hin, hat jeder Bäcker sein eigenes Rezept. Ich zum Beispiel liebe Eierschecke und diesen traditionellen Kuchen bekommt man auch bei fast jedem sächsischen Bäcker. Allerdings liebe ich Eierschecke nur OHNE Rosinen. Mir ist es auch egal, ob in eine echte sächsische Eierschecke Rosinen hinein gehören oder nicht. Ich mag einfach keine Rosinen, Punkt. Demzufolge gehe ich natürlich ausschließlich zu einem Bäcker, der meine geliebte Eierschecke ohne Rosinen backt. Bin ich irgendwo im Restaurant und dort gibt es meinen Lieblingskuchen nur mit Rosinen, dann sieht mein Teller hinterher

immer fürchterlich aus, weil ich die Rosinen wie ein Chirurg mit seinem OP-Besteck herausoperiere. (Kein schöner Anblick, aber ein nettes Gesprächsthema übrigens.) Andere Menschen wiederum lieben genau diese Rosinen im Kuchen und wählen den Bäcker, der sie gleich mit backt. Und so findet jeder Anbieter seinen Kunden.

Bevor aber die Kunden auf Ihr Produkt aufmerksam werden, müssen diese erst einmal auf Sie aufmerksam werden. Und dies beginnt beim Äußeren, beim ersten Eindruck. „Es gibt keine zweite Chance für den ersten Eindruck" – so sagt ein Sprichwort aus dem Englischen.

Wie wohl fühlen Sie sich wirklich in Ihrer Haut und in Ihrer äußeren Hülle, der Kleidung? Genau das strahlen Sie nämlich nach außen aus. Wenn Sie sich nicht wohlfühlen und deshalb immer in der letzten Reihe „verkriechen" oder sich bei Gesprächen etwas abseits stellen, dann kann niemand sie wahrnehmen.
Zum allgemeinen Wohlfühlgefühl gehört, dass Sie sich zuallererst in Ihrem Körper wohlfühlen. Dass Sie Kleider im Schrank haben, die Sie gern tragen. Dass Sie eine Frisur haben, die zu Ihnen passt, die Sie wirklich gern mögen und die Sie selbst gut pflegen und frisieren können. Das Sie ein typgerechtes Make-Up tragen und das Ganze mit etwas Schmuck oder anderen Accessoires noch unterstreichen. Dass Sie die Kleidung tragen, in denen Sie sich wirklich wohlfühlen und in denen Sie sich gefallen. Nicht jedem stehen hautenge Kleider und High Heels – und es muss auch keine Frau mit ein paar Kilos mehr auf den Rippen immer nur in dunklen, langen und weiten Klamotten hinausgehen.

Ich selbst liebe die Farbe Gelb über alles. Gelb leuchtet so schön, strahlt wie die Sonne und macht mir gleich gute Laune. Aber – ich kann Gelb einfach nicht anziehen. In einem Geschäft sah ich mal ein wunderschönes gelbes Sommerkleid. Ich fand es absolut fantastisch und hätte es am liebsten sofort von der Stange weg gekauft - mit dem Spruch an der Kasse „Behalte ich gleich an". Glücklicherweise habe ich es doch noch vorher anprobiert. Und ich war schockiert, als ich in den Spiegel sah! Ich sah völlig blass und krank aus - und konnte nicht einmal die Umkleidekabine verlassen, so unmöglich sah das aus. Ein südlich-dunkler Hauttyp wie der von Eva Longoria hätte klasse darin ausgesehen. Ich mit meiner ohnehin blassen und hellen Haut, sah einfach nur müde und fahl aus. Klarer Fall von falscher Farbe. Da hilft auch der schönste Kleider-Schnitt nicht.

Machen Sie sich schlau darüber, welcher Farbtyp Sie sind und welchen Stil Sie gut tragen können. Die verhältnismäßig geringe Investition in eine professionelle Farb- und Stilberatung als Einzelcoaching oder Seminar ist eine einmalige Investition fürs Leben. Sie ersparen sich dabei Fehlkäufe und – wie in meinem Fall – Schockmomente und Enttäuschungen.

Die Mode bietet so unendlich viel Auswahl. Wenn Sie unsicher sind, was Sie gut aussehen lässt, dann lassen Sie sich entweder von einem Profi beraten oder nehmen Sie eine Freundin mit, auf deren absolut ehrliches, schonungsloses und dabei wohlmeinendes Urteil Sie sich wirklich verlassen können und deren Geschmack Sie bewundern oder teilen. Und bitte gehen Sie nur in solcher Kleidung zu Events, in der Sie sich wirklich wohlfühlen. Wenn es den ganzen Tag irgendwo kneift und zwickt, und Sie mehr damit beschäftigt sind, an sich herumzuzupfen oder eine unbequeme Haltung zu finden, in der es mal 5 Minuten nicht zwickt, dann merken es auch die anderen, dass irgendetwas mit Ihnen nicht stimmt. Vor allem können Sie sich nicht darauf konzentrieren, was die andern zu sagen haben oder was Sie selbst sagen oder tun könnten. Legen Sie sich ein paar „todsichere" Outfits für offizielle Veranstaltungen zurecht und halten Sie sie in Ordnung. Dann können Sie einfach danach greifen, wenn es mal schnell gehen muss zwischen Job und Abendveranstaltung oder früh morgens, wenn Sie noch nicht ganz wach sind.

Tragen Sie auch nur solche Schuhe, in denen Sie gut laufen können. Viele Frauen haben nach einigen Stunden Stehen oder Laufen auf höheren Absätzen mit Schmerzen zu kämpfen. Versuchen Sie, tagsüber die Schuhe zu wechseln. Vielleicht haben Sie Abschnitte am Tag, an denen Sie Ballerinas anziehen und so die Füße entlasten können.

Achten Sie beim Kauf auf eine gute Verarbeitung der Schuhe. Gerade höhere Absatzschuhe sind im Niedrigpreissektor oft qualitativ schlecht gearbeitet. Da sind die Absätze schief oder das Material reibt. Dummerweise merkt man bei Absatzschuhen oft erst nach stundenlangen Tragen, ob der Kauf gut oder schlecht war. Und Sie können beim Kauf auch nicht erst einmal 4 Stunden durch das Geschäft stolzieren, um die Schuhe zu testen. Also setzen Sie lieber gleich auf Qualität und geben Sie ein bisschen mehr Geld aus. Ihr Körper wird es Ihnen danken. Und: Achten Sie darauf, dass Ihre Absätze in Ordnung sind und nicht schiefgetreten und abgelaufen. Einen Kratzer im Absatz kennen wir alle, das ist unvermeidlich. Ein schiefgelaufener Absatz hingegen zeugt von Nachlässigkeit und mangelnder Achtsamkeit auf das In-Ordnung-Halten der Kleidung und des Schuhwerks.

Achten Sie auf gepflegte Fingernägel. Ob Sie in einen der vielen Nail Stores gehen oder sich die Nägel selbst feilen und lackieren, ist nicht so wichtig. Wichtig ist aber, dass Ihre Nägel sauber sind und gepflegt aussehen. Ohne schwarze Ränder, ohne zehn unterschiedliche Längen, ohne Lackschäden – oder eben vollständig unlackiert. Es sieht gepflegter und professioneller aus als wenn deutlich sichtbar ist, dass der Lack schon einige Tage drauf und zur Hälfte bereits abgeblättert ist. Gehen Sie von sich selbst aus: achten Sie auf die Äußerlichkeiten Ihres Gegenübers? Mit Sicherheit! Denn beim Netzwerken steht man oft an Stehtischen oder mit Glas in der Hand herum – oder überreicht Visitenkarten. Die Hände sind neben dem Gesicht das beim Netzwerken am häufigsten bewusst betrachtete Körperteil eines Menschen.

Ich kann nicht genug betonen, wie wichtig es ist, neben dem äußeren Erscheinungsbild auch im Inneren mit sich im Reinen und zufrieden zu sein. Klar – nun ist nicht wirklich jeden Tag Sonnenschein und alles bestens. Dennoch sollten Sie grundsätzlich Spaß an Ihrer Arbeit haben und auch Spaß daran haben, andere Menschen kennenzulernen. Aber ich gehe davon aus, dass dies bei Ihnen so ist, sonst würden Sie dieses Buch nicht lesen.

IM INTERVIEW: SUSANNE THEISEN, UNTERNEHMENSBERATERIN

Foto: André Berg

Seit wann netzwerkst du?

Ich netzwerke, seitdem ich denken kann. Ich war immer neugierig, die Dinge zu verstehen. Ich habe den Verdacht, dass das erste Wort, welches ich gesprochen habe, das Wort „Warum?" war. Ich habe Menschen immer gefragt, warum sie etwas mögen, warum sie so sind, wie sie sind. Daraus hat sich ergeben, dass ich immer Ideen hatte, wer mit wem warum gut kann.

Außerdem komme ich aus einem kleinen Dorf im Hunsrück. Dort war es selbstverständlich, dass man weiß, wer was kann und wer was macht. Brauchte man etwas kurzfristig, dann hat man sozusagen an der richtigen Tür geklingelt. In diesem Dorf habe ich schon als Kind gerne alle eingeladen, zum Geburtstag, zu den Feiertagen oder einfach so (weil zum Beispiel Sommer war). Zu meinen Partys habe ich all die Menschen eingeladen, die mir kurz vor dem Termin begegnet sind. Ich habe nicht nur die Menschen eingeladen die, die meine besten Freunde sind, sondern auch die Freunde der Freunde. Ich habe Menschen eingeladen, die mit mir in eine Schule gegangen sind und habe zeitgleich Freunde aus dem neuen Umfeld, Job oder Studium eingeladen. Zu einer Sommerparty im Hunsrück – ohne gute Verkehrsanbindung – sind somit schnell zwischen 80-100 Gäste zusammengekommen. Wir haben zusammen gekocht, gut gegessen und getrunken, Musik gemacht, uns kennen gelernt. Bei einer dieser Feiern habe ich meinen ersten Ex-Freund an seine spätere Ehefrau vermittelt.

Was macht dir an Netzwerken so viel Freude?

Am Netzwerken liebe ich die spontanen Erlebnisse und die vielen neuen Impulse. Ich selbst gehe wertfrei und sehr offen auf die Menschen zu. Ich liebe es, Menschen kennen zu lernen, Ihre Wünsche und Ihre Ideen. Von dem Austauschen an Ideen und Erfahrungen können wir alle profitieren. In Netzwerken können wir uns gegenseitig den Rücken stärken. In Netzwerken habe ich kurze Wege, um die Lösung zu einer neuen Herausforderung zu finden. In Netzwerken kann ich neue Ideen zur Diskussion stellen und bekomme im Idealfall andere Sichtweisen. Ich kann somit ganz anders wachsen – persönlich wie beruflich.

Netzwerken wird in meinen Augen nie langweilig.

Welche konkreten Vorteile oder Erlebnisse hat dir Netzwerken bisher gebracht?

Ich kann gar nicht sagen, welches der vielen Erlebnisse ein besonderes war. Ohne Netzwerk wäre ich heute nicht selbstständig. Ohne Netzwerk würde mir meine Selbstständigkeit auch nicht so viel Spaß machen. Ein Netzwerk zu haben, ist für mich so normal wie die Luft zum Atmen. Ich kann auch nicht sagen, welche Kontakte privat und welche beruflich sind. Letztendlich kann ein heute privater Kontakt mir morgen die Türen zu einem wichtigen Kunden öffnen. Und viele meiner beruflichen Kontakte sind heute meine besten Freunde.

Durch Businessnetzwerke habe ich Berufe und Methoden kennengelernt, nach denen ich nie gesucht hätte. So habe ich durch ein solches Netzwerk meine Ausbildung zum Farbcoaching bei einer Neuseeländerin absolviert. Eine Ausbildung, die ich mir nicht habe vorstellen können, die mir und meinen Kunden aber sehr viel Mehrwert bringt. Eine geniale Methode um mittels Farbe sehr schnelle Türen für den eigenen Weg zu öffnen. Ohne mein Netzwerk hätte ich diese wertvolle Ausbildung nie absolviert.

Welche Fehler machen, deiner Meinung nach, viele beim Netzwerken?

Erwartungen! Zu viel Ego! Zu schnelles Verkaufen!

Netzwerken hat für mich etwas mit Langfristigkeit zu tun. Ich habe ein ehrliches Interesse an meinem Gegenuber, lerne den Menschen und seine Ideen kennen, seine Dienstleistung und ich gewinne Schritt für Schritt Vertrauen. Wenn dieser Mensch mein Vertrauen gewonnen hat, empfehle ich ihn fast automatisch weiter. Mir fallen immer Menschen ein, die dem Anderen bei seinem nächsten Schritt etwas Gutes tun können.

Wenn ich jedoch sofort als Kunde angesprochen werde und dass Gegenüber nur über sich selbst und seine Produkte, Dienstleistungen redet, dann hat das nichts mit Netzwerken zu tun. Diese Unsitte findet man gerne in den sozialen Medien: man bestätigt eine Freundschaftsanfrage und erhält danach sofort eine persönliche Nachricht in welcher man das lebensverändernde Geschäftsangebot/ Produkt angeboten bekommt. Das ist nicht Netzwerken!

Oder der Klassiker am Telefon, bei einem ersten Gespräch. Dazu erst einmal eine Hintergrundinformation: Ich lade alle drei Monate einen kleinen Kreis an Unternehmen und Unternehmerinnen für einen Tag nach Karlsruhe ein. Wir tauschen uns aus, geben uns gegenseitige Impulse und schrittweise auch Empfehlungen. Wir arbeiten einen Tag lang zusammen und entdecken so das Wissen und Können der Anderen, lösen Herausforderungen kollegial und der Kreis wird mehr und mehr vertraut miteinander. Vor Kurzem wurde mir eine interessierte Unternehmerinnen empfohlen, die ich zu diesem Kreis einladen sollte. Das Telefonat starte gleich mit den Worten „Frau Theisen, ich vertreibe sehr erfolgreich die Produkte der Firma XY. Kennen Sie diese Firma?" – „Ja" – „ verwenden Sie diese Produkte?"

– „Nein" – „ Darf ich fragen, wieso nicht"? Genau so geht Netzwerken nicht. Das Gespräch war von meiner Seite aus sehr schnell beendet. Ich habe diese Frau nicht zu diesem Netzwerknachmittag eingeladen, da ich nicht eine Sekunde lang das Gefühl hatte, dass sie ernsthaft ein Gespräch mit mir führen möchte. Ihr einziges Interesse war wohl, mir ihre Produkte zu verkaufen und die Gruppe von ca. 15 Menschen ebenfalls als Kunde zu gewinnen. Solchen Menschen öffne ich nicht wissentlich mein Netzwerk.

Betreff Langfristigkeit: dieses Jahr sehe ich eine Freundin aus der Pubertät wieder. Wir haben uns damals bei einem Sprachkurs in England kennengelernt und dann aus den Augen verloren. Dieses Jahr hat sie meinen Namen im Netz gesucht, weil es ein Ereignis gab, das sie an mich erinnert hat. Sie hat sich sodann – zusammen mit einer anderen Geschäftsfrau – einen „Göttinnentag" gegönnt. Anschließend sind wir alle gemeinsam Essen gegangen. Was Bestehen bleibt – ob mehr der berufliche Fokus oder der Private – kann ich heute nicht sagen. Schön ist es auf jeden Fall für alle drei Akteurinnen.

Netzwerkst du lieber online oder offline oder beides?

Ich liebe Netzwerken sowohl online als auch offline. Online bekomme ich oft einen ersten Eindruck. Online entdecke ich Menschen, die ich sonst nicht kennen gelernt hätte. Der nächste Schritt ist dann ein persönliches Gespräch: via Skype, via Telefon und am Liebsten persönlich.

Ich habe eine Zeit lang sehr stark nur auf den Aufbau via Facebook und XING gesetzt. Ebenfalls habe ich in dieser Zeit angefangen, meine Gespräche mit den Menschen zu reduzieren und Telefonate auf den Punkt zu bringen. Die neuen Techniken die sich durch Social Media ergeben haben. Die schlauen Tipps von erfolgreichen Beratern und vieles, was man von Anderen gelesen hat: Du musst mit deiner Zeit sparsam umgehen, effektiv, fokussiert. Dies habe ich dieses Jahr wieder geändert. Ich nehme mir jetzt mit viel Freude wieder Zeit, mich einfach wieder mit den Menschen zu treffen, Kaffee zu trinken, einen Wein genießen und gedanklich auszutauschen. Durch diese fast eher zufälligen Gespräche entstehen für beide Seiten tiefere und wertvollere Impulse, die niemand planen kann. Durch diese Gespräche, sind mehr – auch wirtschaftlich interessante – Projekte in Gang gekommen als gedacht. Ich komme sozusagen auf meine Wurzeln zurück und meine Stärke, die ich u.a. darin sehe, dass ich neugierig auf mein Gegenüber bin und vorurteilsfrei auf die Menschen zugehe.

Was sind deine 3 Top Tipps für erfolgreiches Netzwerken?

Tipp eins: offen und wertfrei auf die Menschen zugehen – Überraschungen garantiert!

Tipp zwei: zuhören und beobachten – Sympathie entdecken!

Tipp drei: was kann ich für dich tun? Was kannst du für mich tun? – Geben und Nehmen! (an die Frauen: Nehmen darf man auch in Netzwerken!)

Eine leider verstorbene, für mich sehr beeindruckende Frau, Algunda de Reuter, hatte damals ein schönes Motto „Sage, was du willst, du kannst es nur bekommen". Wir Frauen neigen dazu, mehr zu geben und uns zu vergessen.

Was ist deine Empfehlung für Menschen, denen Netzwerken (noch) schwer fällt?

Nicht zu viel Nachdenken, darüber, was Netzwerken ist und wie man es machen soll. Sowohl als Angestellter als auch als Selbstständiger ist es wichtig, Menschen zu kennen. Menschen kann ich überall kennen lernen. Sowohl im Theater als auch bei Businesstreffen. In Projekten zur Flüchtlingshilfe wie auch in Serviceclubs. Es lohnt sich überall, Menschen kennen zu lernen. Es bereichert und man weiß nie, was alles passieren kann. Das ist das Schöne daran. Bei einer großen Veranstaltung habe ich die Frau neben mir angesprochen, und auf einmal sagt sie: „Du bist doch Susanne Theisen? Du warst doch in Bingen auf der Schule?" Es stellte sich raus, dass wir vor sehr vielen Jahren zusammen in der Schule waren und da sitzen wir – rein zufällig – nebeneinander in einem Vortrag in München. Sie ist heute bei einer Firma im Marketing tätig. An dem Wochenende stellte ich ihr eine Frau vor, die Expertin in diesem Themengebiet ist und beide arbeiten bis heute sehr erfolgreich zusammen. – Deswegen: begrüße die Menschen um dich herum, rede mit Ihnen. Im Zweifel hat jeder Einzelne einfach ein paar schöne Minuten Small Talk gehabt und trägt dies gute Gefühl mit sich.

Susanne Theisen *ist seit fast 20 Jahren als selbstständige Beraterin und Mentorin für Menschen, die sich aktiv weiterentwickeln, erfolgreich tätig. Ihre Kunden sind Führungskräfte, Unternehmerinnen und Unternehmer aus Familienunternehmen und selbstständige Einzelunternehmerinnen.*
Ihre Schwerpunkte sind Farb- und Raumkonzepte mit besonderem Blick auf die persönliche Entwicklung. Für den Bauherrn und seine Vision ist sie die Vermittlerin zwischen Bauherren und Architekten. Firmen nutzen die systemische Raumberatung für die interne Organisationsentwicklung.

www.theisen-konzept.de

VERHALTEN AUF NETZWERKEVENTS

Innere Einstellung

Mit welcher Einstellung gehen Sie bisher auf Netzwerkveranstaltungen? Denken Sie in erster Linie daran, dass Sie mit möglichst vielen neuen Aufträgen nach Hause gehen wollen? Oder überlegen Sie, was Sie aus den neuen Kontakten für sich rausholen können? Oder sehen Sie eigentlich gar keinen Sinn in Netzwerkevents und gehen nur hin, weil alle sagen, dass Sie dahin müssen und dass man das heute so macht?
Wenn auch nur einer der drei genannten Punkte auf Sie zutrifft, sollten Sie schnellstens an Ihrer Einstellung arbeiten. In diesem Fall ist es nämlich Ihre enge innere Haltung, die nach außen strahlt - und die anderen Menschen registrieren das genau, frei nach Goethes Motto: „Man merkt die Absicht und ist verstimmt".

Gehen Sie stattdessen mit einer entspannten und fröhlichen Einstellung und mit gesunder Neugier auf Events und freuen Sie sich auf neue Menschen und interessante Geschichten. Fragen Sie sich vorher, was Sie zu bieten haben, womit Sie anderen helfen können. Und damit meine ich jetzt nicht Ihr Produkt oder Ihre Dienstleistung, die Sie verkaufen wollen. Menschen merken sofort, wenn Sie jemanden nur etwas verkaufen oder „andrehen" wollen und nehmen sofort innerlich eine unbewusste Abwehrhaltung ein. Hören Sie den anderen wirklich zu und lernen Sie von deren Erlebnissen und Erfahrungen. Schon das kann Ihnen in der einen oder anderen Situation helfen. Halten Sie Ausschau nach Gemeinsamkeiten, finden Sie heraus, wie Sie den anderen unterstützen können. Das kann ein Tipp sein zu einer Sache, die Ihr Gegenüber sucht. Das kann auch ein guter Kontakt von Ihnen sein, den Sie vermitteln und so dazu beitragen, ein Problem zu lösen.
Geben kommt vor dem Nehmen – heißt es landläufig. Leben Sie diesen Spruch und Sie werden sehen, dass alles zu Ihnen zurückkommt. Und nein, es kommt nicht immer auf direktem Wege

und sofort zurück. Ich kenne sehr viele Leute, denen ich bereits geholfen habe und von denen ich noch keinerlei Unterstützung zurückbekommen habe. Das ist aber völlig in Ordnung. Denn es gibt auch anders herum viele Menschen, die mich unterstützt haben und denen ich auch noch nicht in gleichem Maße helfen konnte, wie mir geholfen wurde. Bleiben Sie trotzdem dran, helfen und empfehlen Sie, wo Sie können.

Das heißt jetzt allerdings nicht, dass Sie Ihre Produkte oder Dienstleistungen verschenken sollen! Diese verkaufen Sie selbstverständlich zu Ihrem regulären fairen Preis.

Unterstützen kann heißen:

- ich höre dir zu,
- ich tausche meine Erfahrungen mit dir aus,
- ich helfe dir mit Kontakten,
- ich gebe dir Tipps, Weiterempfehlungen und Hinweise
- etc.

Es gibt unendlich viele Möglichkeiten, andere zu unterstützen. Man muss nur offen und bereit sein und es gern tun.

Gehen Sie also nicht mit schlechter Laune auf Netzwerkevents. Und wenn ein Tag doch so blöd gelaufen ist, dass Sie Ihre schlechte Laune gar nicht mehr in den Griff bekommen, dann bleiben Sie lieber zu Hause. Menschen mit schlechter Laune, Pessimisten, Kleingeister, Jammerlappen und Dauernörgler sind nirgends gern gesehen – das kennen Sie aus eigener Erfahrung. Fröhliche Menschen wirken anziehend. Jeder will „etwas abhaben" von der guten Laune. Also seien Sie diejenige, deren Nähe die anderen suchen, weil es einfach Spaß macht und angenehm bei Ihnen ist.

Wertschätzung zeigen – schon bei der Begrüßung

Wie begrüßen Sie Ihr Gegenüber? Mit einem Lächeln und Blickkontakt? Oder schauen Sie emotionslos an ihm vorbei und checken den Raum nach anderen Teilnehmenden? Oder mustern Sie Ihr Gegenüber von Kopf bis Fuß? Mit einem aufgeschlossenen Lächeln kommen Sie weitaus sympathischer rüber, als wenn Sie ein „Hallo" völlig verschämt und vermeintlich uninteressiert daher murmeln. Der Mensch, der Ihnen gerade gegenübersteht, ist in dem Moment der Wichtigste und sollte deshalb für ein paar Sekunden Ihre volle Aufmerksamkeit haben. Abgesehen davon gehört es einfach zu den Geboten von Höflichkeit, sein Gegenüber bei der Begrüßung anzuschauen.

Haben Sie schon einmal auf Ihren Händedruck geachtet? Ist er fest und entschlossen oder eher schlaff? Mit dem Händedruck drücken Sie bereits aus, wie Ihre innere Haltung ist. Ist der Händedruck fest und sicher, so signalisieren Sie, dass Sie ziemlich genau wissen, was Sie wollen – und Sie stehen auch dazu. Dieser Händedruck ist für die anderen auch angenehm. Zu fest sollten Sie allerdings auch nicht zudrücken. Männer stört das eher weniger, aber gerade bei Frauen ist ein zu fester Druck eher unangenehm. Sie tragen oft Ringe und die quetschen sich beim Zudrücken unangenehm in die Haut. Auch ein ganz schwacher Händedruck geht gar nicht. „Ganz schwach" heißt, Sie halten Ihre Hand einfach nur hin und greifen nicht zu. Ihr Gegenüber muss Ihre (schlaffe) Hand buchstäblich nehmen und sie drücken. Das ist ein sehr unangenehmes Gefühl. Also: greifen Sie beherzt zu und drücken Sie selbstbewusst die andere Hand. Am besten kombiniert mit einem von Herzen kommenden Lächeln und festem Blick.

Ein No-Go nicht nur bei Netzwerkevents ist es, während eines Gesprächs gleichzeitig auf Ihr Handy zu schauen und – schlimmer noch – Nachrichten zu tippen. Sie signalisieren damit: „Du bist nicht wichtig. Mein Handy ist wichtiger als du". Das ist eine Respektlosigkeit dem anderen gegenüber. Wenn Sie allerdings wirklich eine wichtige Nachricht erwarten oder dringend jemandem etwas schreiben oder etwas organisieren müssen, das keinen Aufschub duldet, dann entschuldigen Sie sich kurz für die Unterbrechung und erledigen Sie die Sache. Oder erklären Sie es kurz Ihrem Gegenüber, dass Sie eine dringende Nachricht erwarten und deshalb das Handy auf den

Tisch legen oder sich möglicherweise bald kurz ausklinken werden. Ihr Gegenüber wird ganz sicher Verständnis dafür haben. Vermeiden Sie solche Situationen, wie ich Sie schon sehr oft unangenehm erlebt habe: zwei Menschen unterhalten sich und einer schaut permanent auf sein Telefon und schreibt, während der andere spricht. Keiner der beiden wird sich wirklich konzentrieren können auf das Gespräch. Multitasking ist ein Mythos – das menschliche Gehirn ist nachweislich so aufgebaut, dass wir uns zu 100% nur auf eine Sache konzentrieren können. Sobald eine zweite Sache hinzukommt, sinkt die Aufmerksamkeit für die erste Tätigkeit rapide. Ich persönlich unterbreche mittlerweile konsequent jedes Gespräch, wenn mein Gegenüber mit seinem Telefon beschäftigt ist. Und ich sage dann auch meist freundlich dazu, dass er/sie gern erst einmal die seine Angelegenheit zu Ende bringen kann, damit wir dann in Ruhe weiter reden können.

Geben Sie Newcomern das Gefühl, willkommen zu sein!

Ich war einmal auf einer Netzwerkveranstaltung, auf der ich der Neuling war. Viele unbekannte Gesichter, unbekannte Location, neuer Ablauf. Im Laufe des Abends kam ich mit einigen Gästen ins Gespräch und bei der anschließenden kurzen Betriebsbesichtigung war das Netzwerken mit den meisten locker, kinderleicht und machte großen Spaß.
Nach der Besichtigung hielten wir Einkehr in ein benachbartes Lokal, und ich beschloss, mich zu vier Damen, die ich noch nicht kannte, dazuzusetzen. Die Damen unterhielten sich untereinander angeregt und nahmen von mir keinerlei Notiz. Ich versuchte, mich in das Gespräch einzuklinken und gab hier und da eine Bemerkung dazu. Ich stellte auch ein paar Fragen und bekam jedes Mal exakt die Antwort, die gerade so ausreichte, dass die Frage beantwortet war. Kein Wort mehr und kein Wort weniger. Es wurde auch keine Gegenfrage gestellt, sondern sich sofort wieder in die vertraute Runde begeben und man ließ mich außen vor. Ob absichtlich oder unbeabsichtigt, ich hatte das Gefühl, dass sie mich einfach nicht dabei haben, sondern in ihrer eigenen vertrauten Runde bleiben wollten.

Ich fühlte mich ausgegrenzt. Kein schönes Gefühl, wir kennen das alle.
Ich fand das zwar schade, aber kümmerte mich nicht länger drum, sondern verabschiedete mich höflich und suchte mir einen anderen Tisch. In der neuen Runde wurde ich sofort aufgenommen und konnte wunderbare neue und interessante Menschen kennenlernen.

Auf der etwas längeren Heimfahrt ließ ich den Abend in Ruhe Revue passieren. Ich fragte mich, warum Frauen auf Netzwerkveranstaltungen gehen, wenn sie dann doch unter sich sein und niemand neuen dabei haben wollen. Bei vielen Treffs wird immer wieder im Vorfeld und auf der Veranstaltungseröffnung gesagt, dass man willkommen sei, dass man sich sehr über neue Gesichter freue und ob man nicht jemanden kenne, für den das auch interessant sein könnte. Wenn man dann aber mittendrin ist und derart ignoriert und ausgeschlossen wird, weil die anderen eigentlich doch unter sich bleiben wollen, dann werden auf Dauer auch keine neuen Leute kommen, und diese Netzwerkveranstaltung wird nicht „leben".

Mich selbst beschäftigte das Verhalten dieser vier Frauen noch unter diesem Gesichtspunkt: wie wirkt dieses Benehmen auf jemanden, der gerade erst mit dem Netzwerken anfängt? Jemand, den es eine große Überwindung gekostet hat, überhaupt allein dorthin zu gehen? Der noch unsicher und etwas scheu ist beim Zusammentreffen mit unbekannten Personen? Wenn solch ein Mensch, der noch nie bei einer Netzwerkveranstaltung war, also zum ersten Mal dabei ist und all seinen Mut zusammen genommen hat, alleine dorthin zu gehen, dann zufällig an solch einen abweisenden Tisch gerät, wo er vom Gespräch ausgeschlossen wird - wie hoch wird dann wohl die Wahrscheinlichkeit sein, dass er/sie sich wieder bei einem Netzwerkevent anmeldet? Vermutlich sehr gering.

Ich selbst gehe seit vielen Jahren auf Veranstaltungen und wenn ich merke, dass jemand nicht mit mir reden mag, dann gehe ich eben zum nächsten. Ich nehme das schon lange nicht mehr persönlich und suche mir eben einen neuen Gesprächspartner. Aber dies ist meine Herangehensweise nach vielen Jahren gesammelter Erfahrungen.

Eine frisch gebackene Unternehmerin, die sich gerade erst ans Netzwerken herantastet und nicht gerade zur Kategorie „Rampensau" gehört, würde traurig und frustriert nach Hause gehen mit dem Gefühl, dass auf solchen Events sich ohnehin schon alle kennen und sie als „Neue" da einfach nicht reinkommen kann.
Was natürlich nicht stimmt, aber sehr traurig ist. Denn Netzwerkevents sind genau dazu da, um andere Menschen kennen zu lernen. Um sich mit verschiedenen Personen auszutauschen und neue Sichtweisen zu erfahren. Netzwerkevents sind NICHT dazu da, unter sich zu bleiben und Neulingen den Zutritt und das Dazugehören schwer zu machen. Wer unter sich bleiben möchte, der kann sich entweder privat treffen oder einen Termin miteinander ausmachen – oder ist eine feste Gruppe, bei der nach außen klar kommuniziert wird, dass man als Neuling keinen Zutritt hat oder nur über Empfehlungen dabei sein kann.

Lassen Sie Neulinge in Ihre Runden, Stammtische, Verbände und Clubs. Es gibt Netzwerke, in denen man sich gerade um Neuankömmlinge besonders kümmert, damit sie sich wohl und willkommen fühlen und gern wieder kommen.

Sprechen Sie die unbekannten Gäste an und freuen Sie sich darüber, dass diese sich die Zeit genommen haben, zu Ihnen zu kommen. Stellen Sie die „Alteingesessenen" vor und machen Sie sie mit den anderen bekannt. Sorgen Sie dafür, dass sich Newcomer wohl fühlen. Nur dann werden sie wiederkommen und auch neue Gäste mitbringen. Und nur dann werden auch für Sie selbst die Treffen nützlich und informativ sein. Wenn Sie sich immer nur mit denen unterhalten, die Sie schon kennen, brauchen Sie diese Art des Netzwerkens nicht. Dann können Sie sich im eigenen Büro oder privat treffen und dort Ihre Themen besprechen.

Bei meinen Veranstaltungen vom LADY BUSINESS CLUB gebe ich mir alle Mühe, neuen Gästen den Besuch so angenehm wie möglich zu gestalten. Ich schaue zwischendurch, ob sie Gesprächspartner haben oder ob sie allein sitzen. Wenn dem so ist, dann unterstütze ich sie und bringe sie mit anderen ins Gespräch.

Wenn wir alle offener miteinander umgehen und uns über neue Gäste wirklich freuen, dann hat Netzwerken für alle Beteiligten wirklich Sinn und bringt noch mehr Spaß. Freuen Sie sich auf neue Leute, neue Themen, neue Ideen, neue Gedanken, neue Motivation und neue (Business) Kontakte.
So kann jeder für sich die (Business-)Welt ein wenig verbessern.

Das Eis brechen: mit Unbekannten ins Gespräch kommen

Stellen Sie sich ruhig zu bisher unbekannten Personen dazu. Warten Sie ab, was passiert, hören Sie zu. Vielleicht öffnen sich die Menschen gleich und begrüßen Sie und binden Sie ein. Wenn nicht – weil sie ins Gespräch vertieft sind –, wissen Sie nach einer Weile ohnehin, um welches Thema es geht, und Sie können vielleicht selbst mit Ihrem Wissen zum Gespräch beitragen. Gehen Sie auf andere zu. Die meisten Menschen freuen sich, wenn Sie den ersten Schritt machen und sind heilfroh, dass sie es nicht selbst machen mussten. Und ganz ehrlich: was kann Ihnen auch schlimmstenfalls passieren? Sie werden nicht plötzlich umfallen. Sie werden auch nicht grün oder blau im Gesicht. Schlimmstenfalls merken Sie, dass die Chemie zwischen Ihnen dem/der anderen nicht ganz stimmt und dass sich das Gespräch eher schleppend und zäh entwickelt. Na und? Dann treten Sie einfach höflich den Rückzug an und denken sich: „DNB – Der Nächste bitte". Es passt halt einfach nicht mit diesem Menschen – aber mit einem anderen bestimmt! Denken Sie daran: wenn Sie mit jemanden nicht so gut ins Gespräch kommen, dann ist es nie etwas Persönliches oder liegt an Ihnen. Hier gibt es keine Schuldigen! Es gibt Dinge und Menschen auf dieser Welt, die passen einfach nicht zusammen. Wie Rosinen und ich. Und wie Sie und diese andere, mit der die Chemie einfach nicht stimmt. DNB.

Zulabern oder Zuhören?

Wie stellen Sie sich den anderen vor? Zählen Sie all Ihre Fähigkeiten und Produkte auf und werden gar nicht mehr fertig? Oder kommen

Sie kurz und knackig auf den Punkt, so dass Ihr Gegenüber eine Vorstellung von Ihrem Kernprodukt bekommt und bestenfalls neugierig wird? Kennen Sie das Konzept einer guten Vorstellung mit dem „Elevator Pitch"? Dabei sagen Sie in kurzen knackigen Sätzen, welches Problem Sie lösen, für wen Sie es lösen und welchen Nutzen Ihr Kunde/Ihre Kundin davon hat. Sie definieren dabei auch Ihre Einzigartigkeit klar und deutlich. Den Elevator Pitch gibt es in unterschiedlichen Längen, also für 30 Sekunden, eine Minute oder länger. („Elevator Pitch" bedeutet: ich habe eine kurze Fahrt im Aufzug Zeit, um einem Mitfahrenden in aller Kürze von meinem Business und mir zu erzählen)

Ich erlebe es immer wieder, dass ich, wenn ich jemanden nach seinem Business frage, erst einmal eine gefühlte halbe Stunde die ganze Produktpalette erzählt bekomme. Dazu noch, was gerade in Aktion war, was jetzt in Aktion ist und welche Produkte zu welchem Preis demnächst in Aktion sein werden. Machen Sie das bitte nicht! Erzählen Sie kurz und knackig von Ihrem Business. Wenn der andere das für interessant hält, wird er Sie sowieso nachfragen. Wenn nicht, sprechen Sie über andere Dinge und bauen Sie erst einmal eine Beziehung zu Ihrem Gegenüber auf. Sie können über die Veranstaltung sprechen oder wie die Anreise war. Wenn Sie im Hotel übernachten, können Sie auch vom Hotel erzählen oder von der Stadt, aus der Sie kommen. Wenn Ihnen so gar nichts einfallen sollte, dann fragen Sie einfach Ihr Gegenüber, wie die Anreise war oder was er/sie von dem Event erwartet oder von wem er/sie eingeladen wurde. Menschen erzählen meist sehr gern von sich selbst. Schon Dale Carnegie schrieb in einem seiner Lebensratgeber sinngemäß: egal was alle sagen, in erster Linie interessiert sich jeder nur für sich selbst.

Das meint niemand böse, den meisten Menschen ist es nicht einmal bewusst. Und deshalb liegt dort Ihre Chance, also stellen Sie Ihrem Gegenüber Fragen – und hören Sie dann auch zu!

Das scheint heute eine verloren gegangene Tugend zu sein, die auch mir hin und wieder begegnet: viele Menschen hören gar nicht mehr zu. Wie oben beschrieben wird nebenbei am Telefon getippt oder es werden Nachrichten gelesen oder mit den Augen die Umgebung abgescannt. Oder – was mir persönlich auch schon passiert ist – es stellt mir jemand eine Frage und ich beginne zu antworten. Keine zwei Sätze später werde ich unterbrochen und mein Gegenüber beantwortet plötzlich die Frage aus seiner Perspektive, weil ihm ja bereits ähnliches passiert ist – und erzählt und erzählt und wird gar nicht mehr fertig. Warum, so frage ich mich dann, hat er mir die Frage überhaupt gestellt? Eben: weil mein Gegenüber eigentlich von sich erzählen wollte. Und – so unhöflich das sein mag – es hat einen Vorteil: wenn Sie dem anderen zuhören, erfahren Sie nicht nur manchmal Dinge, die für Ihr Business wichtig sein könnten, einfach mal nebenbei, sondern Sie lernen den anderen besser kennen und können beim nächsten Mal schon viel einfacher ins Gespräch einsteigen. Vorausgesetzt natürlich, Sie haben sich auch einen Teil des Gespräches gemerkt und es war wirklich interessant für Sie.

Zeigen Sie ehrliches Interesse am anderen. Und auch, wenn Sie vielleicht auf den ersten Blick denken, dass Sie gar nichts gemeinsam haben oder der andere gar nichts hat, was Sie interessiert, dann suchen Sie ganz bewusst danach und Sie werden erstaunt sein, was sich alles findet. Zum Beispiel trägt Ihr Gegenüber Schmuck oder eine Uhr, etwas, das Ihnen gefällt oder außergewöhnlich aussieht. Fragen Sie nach, woher das Accessoire stammt. Nicht selten bekommen Sie dabei sehr erfreute, private Antworten und Sie lernen den anderen noch besser kennen.

Ein No-Go ist es, über andere Menschen herzuziehen. Weder beim Netzwerken offline noch online sollten Sie sich dazu verleiten lassen. Auch wenn Sie denken, dass es der/die andere ja sicher nicht erfährt. Die Welt ist eben doch ein Dorf. Es kommt immer raus und fällt auf Sie zurück. Und auch dieser Spruch gilt „Man sieht sich immer zweimal im Leben".
Es ist sehr unangenehm und beschämend, wenn eine Person, über die Sie schlecht geredet haben, freundlich und herzlich auf Sie zukommt – Ihr schlechtes Gewissen wird immer größer.

"Zielfahndung" und andere Kongress-Strategien

Gehen Sie mit einem vorher bestimmten Ziel auf Events. Wenn das Programm vorher bekannt ist, dann schauen Sie sich dieses genau an. Welcher Redner ist dabei? Welche Firma ist möglicherweise als Aussteller oder Produktpräsentator dabei? Und wen möchten Sie gern kennenlernen? Das gleiche gilt für die Gästeliste, sofern es vorab eine Liste bekannt gemacht wird. Wen von den Gästen möchten Sie gern kennenlernen? Sind andere Gäste dabei, die Ihren Wunschkandidaten bereits kennen, und könnten diese Gäste Sie beide vielleicht vernetzen? Wenn Sie Ziele im Kopf haben, dann können Sie jedes Event viel effektiver nutzen. Sehr schnell geraten Sie sonst nämlich in eine Fall ähnlich der Tandem-Falle: Sie stehen dann nämlich in einer Gruppe von Menschen, die Sie schon größtenteils gut kennen und verbringen den Abend mit ihnen. Das kann auch mal schön sein – aber eins ist klar: Die neuen Kontakte gehen in dieser Zeit „an Ihnen vorbei".

Besonders einfach ist Netzwerken auf Kongressen und Seminaren. In der Regel haben ja alle Teilnehmenden das Gleiche gehört, und so können Sie sofort dort ansetzen. Fragen Sie den anderen, welcher Vortrag ihm am besten gefallen hat oder welcher Redner ihn am meisten inspiriert hat. Ich empfehle Ihnen, sich bei Kongressen und Seminaren möglichst in die erste Reihe oder mindestens in die zweite Reihe zu setzen. Denn dort ist die größte Energie. Und je weiter vorn Sie sitzen, umso mehr profitieren Sie von dieser Energie. Ich weiß, dass sich viele Menschen nicht in die vordersten Reihen trauen – aus Angst, vom Redner auf die Bühne geholt zu werden. Erstens geschieht dies in den seltensten Fällen und zweitens ist auch das nichts Schlimmes, denn Sie verlassen zumindest kurz Ihre Komfortzone und wachsen an dieser Herausforderung – und genau das ist unter anderem auch Sinn von Kongressen. Sie sollen sich weiterentwickeln und wachsen. Und das geht nur, indem Sie Dinge tun, die Sie bisher nicht getan haben.

Achten Sie bei der Begrüßung darauf, dass Sie Ihren eigenen Namen deutlich aussprechen und vor allem, dass Sie den Namen Ihres

Gegenüber genau verstehen. Fragen Sie notfalls noch einmal nach, wenn Sie den Namen nicht richtig verstanden haben. Bestenfalls merken Sie sich den Namen bis zum nächsten Wiedersehen und wenn Sie denjenigen ein halbes Jahr später, wieder mit seinem Namen ansprechen wird er baff sein, dass Sie sich das so toll gemerkt haben. Der eigene Name ist für viele Menschen sehr wichtig. Ganz besonders punkten Sie bei Personen, die einen schwer auszusprechenden Namen haben. Sie sind es meist gewohnt, dass niemand ihren Namen ausspricht - geschweige denn, sich merkt. Wenn Sie genau dies tun, überraschen Sie positiv und der andere wird von Ihnen begeistert sein.

Dass Sie sich von allen Menschen, die Sie kennengelernt haben, die Visitenkarten haben geben lassen, setze ich jetzt einfach mal voraus. Sie haben umgekehrt auch Ihre Visitenkarten an den Mann und die Frau gebracht.

Sollten Sie zu zweit auf einem Kongress sein, so versuchen Sie bewusst auch im „Alleingang" über die Veranstaltung zu gehen. Sie lernen ganz andere Menschen kennen (und vor allem – Sie lernen viel mehr Menschen kennen!) wenn Sie sich alleine zu Gruppen zu stellen oder andere ansprechen, die auch alleine stehen. Natürlich ist es bequemer, wenn man zu zweit da ist, auch den ganzen Tag zusammen zu bleiben. Nebeneinander zu sitzen in den Vorträgen, beim Mittagsbuffet, auf der Toilette gemeinsam anzustehen und auch in den Pausen am selben Kaffeetisch zu sitzen. Aber auch das ist eine andere Spielform der weiter oben beschriebenen Tandem-Falle. Denn mit diesem Verhalten nutzen Sie die Möglichkeiten eines Kongresses oder Seminartages nicht einmal ansatzweise aus. Also gehen Sie gern zu zweit zu hin, aber weil Sie beide sich ja bereits kennen, trennen Sie sich am besten nach dem Check-In und lernen jeder für sich neue Leute kennen. Am Ende des Tages können Sie sich wunderbar austauschen, wer wen interessantes kennengelernt hat. Und wenn Ihre Bekannte/Freundin jemanden kennengelernt hat, der sehr interessant für Sie selbst ist, dann lassen Sie sich durch Ihre Freundin miteinander vernetzen. Und umgekehrt. So lernen Sie im Nachhinein noch zusätzlich Menschen kennen und holen das Maximum aus solchen Events heraus. Für sich und für andere.

Noch ein kleiner Tipp; platzieren Sie sich in den Pausen um, also setzen Sie sich nach jeder Pause auf einen anderen Platz. So lernen Sie ständig neue Menschen kennen, schon deshalb, weil Sie ständig neue Nachbarn haben. Ganz davon abgesehen, dass Sie die Bühne aus verschiedenen Perspektiven sehen – was wiederum Abwechslung und Anregung für Ihren Geist ist. Apropos Geist: Gehen Sie während der Vorträge „geistig mit", bleiben Sie aufrecht sitzen und rutschen Sie nicht mit Ihrem Po in Ihrem Stuhl nach vorn und verschränken die Arme vor der Brust. Wenn Sie diese Faulenz-Haltung einnehmen, werden Sie nur einen kleinen Teil des Vortrages mitnehmen. Je mehr Sie aktiv dabei sind, desto mehr behalten Sie vom Gesagten im Kopf und desto effektiver ist der Vortrag für Sie. Und mal ehrlich, Sie haben ja nicht die Ticketgebühr bezahlt, um sich berieseln zu lassen, sondern um zu lernen und das ganze Event so effektiv wie möglich für sich zu nutzen.

Von Männern und Frauen

Männer netzwerken anders als Frauen. Sie tun es einfach schon viel länger, weil sie seit Jahrhunderten die Nase vorn haben in der Berufswelt. Dabei haben Frauen grundsätzlich einen Vorteil gegenüber Männern, wenn es ums Netzwerken geht: denn sie sind in der Regel so sozialisiert worden, dass sie die Bedürfnisse der Mitmenschen auf dem Radar haben, sie sind oft weitaus kommunikativer und somit prädestiniert zum „besseren" Netzwerken. Aber Männer haben es schon früh gelernt, sich besser zu verkaufen.
Schon im Kindesalter ging es bei ihnen um „schneller, stärker, besser" – das wirkt sich später beim Verkaufen aus, denn dort kommen sie oft schnell auf den Punkt und zeigen, was „Mann" so drauf und zu bieten hat. Natürlich gehört dann auch das Produktportfolio dazu.

Frauen haben dagegen eine andere Erziehung und Sozialisation durchlaufen. Sätze wie „Das tut man nicht als Mädchen!" oder „Sei bescheiden und sittsam!" oder auch „Als Mädchen prahlt man nicht!" haben viele Frauen als Kinder sehr oft gehört. Klar, das sich diese Sätze fest im Gehirn verankern und heute eine der größten Bremsen beim beruflichen Erfolg von Frauen sind. Diese Glaubenssätze gilt es abzubauen, zu löschen und durch positive neue zu ersetzen.

Ich rate gerade Frauen: Treten Sie selbstbewusst auf und haben Sie auf Events keine Scheu davor, sich gut darzustellen! Denn genau das machen die Männer ganz selbstverständlich. Und: Sie können es doch, Sie sind wer! Gehen Sie also zielgerichtet vor und suchen Sie konkret nach Kooperationsmöglichkeiten oder danach, wie Sie andere unterstützen können. Denn das sind die Spielregeln des Netzwerkens, die Männer schon lange beherrschen. Und Frauen auch, wenn sie sie erst kennen.

Haben Sie auch keine Hemmungen, die neu entstandenen Kontakte für sich zu nutzen und Ihren eigenen Vorteil daraus zu ziehen. Das hat nichts mit Egoismus zu tun, sondern mit konsequentem, zielgerichteten Netzwerken und erfolgreichem Unternehmensaufbau.

Bedanken Sie sich!

Ganz gleich ob Sie eine tolle Empfehlung für einen neuen Geschäftskontakt bekommen haben, einen Hinweis auf Menschen/Unternehmen, für die Ihr Produkt interessant sein könnte oder einen Veranstaltungstipp für das nächste Wochenende: Bedanken Sie sich immer bei der Person, die Ihnen die Empfehlung gegeben hat! Eine kurze freundliche E-Mail, eine Postkarte oder der persönliche Händedruck beim nächsten Wiedersehen. Anerkennen Sie, dass Ihnen der oder die Andere geholfen hat. Seien Sie dankbar! Das erhöht Ihre Chancen deutlich, auch weitere Empfehlungen zu bekommen. Denken Sie daran: auch Sie freuen sich, wenn sich jemand bei Ihnen bedankt.

IM INTERVIEW: WALTER STUBER, UNTERNEHMER

Foto: oculario.de

Wann und wie hast du Netzwerken für dich entdeckt?

Durch einen Tipp von Jürgen Frey, dem Autor des Buchs „Mein Freund der Kunde". Er hat mir den Tipp gegeben, das Netzwerk BNI (Business Network International) an zusehen. Schon die Begrüßung bei diesem Netzwerktreffen hat mich begeistert.

Bist du eher der Online Netzwerker oder lieber Offline, also auf Veranstaltungen? Oder machst du beides gleichermaßen? Wenn ja, warum?

Das soziale Netzwerken betreibe ich seit Beginn dieser Möglichkeiten (XING, Facebook, twitter, usw.) sehr intensiv und jeden Tag. Hier habe ich die Möglichkeit, sowohl von den alltäglichen Themen und Lösungen als auch von meinem Glauben an Jesus Christus zu berichten. Zum anderen kann ich mich zusätzlich über die Events im Vorfeld informieren und mir das passende aussuchen, um die richtigen Menschen im Offline Netzwerk anzusprechen. Offline Netzwerken gibt mir die Möglichkeit, mein Business attraktiv rüber zubringen und dann einen Zweittermin zu vereinbaren.

Welche Erfolge hast du durch Netzwerken erreicht, die du ohne dieses nicht erreicht hättest?

Meine Sichtbarkeit als Unternehmer ist dadurch stark gestiegen.

Viele gehen immer noch mit der Erwartung auf Netzwerkveranstaltungen, das sie pro Event mindestens zwei neue Kunden gewinnen müssen, sonst, meinen sie, war der Besuch nicht sinnvoll. Du bist Inhaber einer Spezialgerüstbau Firma, wo es schwer sein dürfte, aus jeder Veranstaltung einen Gerüstverkauf zu generieren. Welchen Nutzen bringen dir Netzwerkveranstaltungen?

Der wirkliche Nutzen für mich ist, zu erfahren, wie mein Gegenüber seine Produkte verkauft. Beginnt es mit dem „Warum" oder mit „Was", „Wie". Was kann ich daraus lernen und es bei mir im Unternehmen mit meinen Mitarbeitern besser machen.

Wieviel Zeit verbringst du pro Woche mit Netzwerken?

15 Stunden offline und online

Was sind deine drei Tipps für Netzwerkanfänger online?

Kommentiere Beiträge von Freunden immer positiv, teile die Beiträge von Freunde und schreibe was dazu. Antworte kurzfristig auf Kommentare.

Walter Stubers Liebe zum Gerüstbau
Walter Stuber, 56, ist glücklich verheiratet, hat 3 Kinder und 4 Enkel. Geboren in Schwaben, hat seine Heimat und seinen Lebensmittelpunkt seit 1993 im schönen Sachsen gefunden. Walter Stuber verfügt über 40 Jahre Berufserfahrung. Seit 2001 ist er Gesellschafter und Geschäftsführer der Gemeinhardt Gerüstbau Service GmbH - gemeinsam mit seinem Mitgesellschafter Dirk Eckart.
Sein Tipp: „Machen Sie das, was sie tun, täglich mit Hingabe und Freude. Das gilt für die Liebe und die Arbeit."

GESUNDHEIT UND LEBENSFREUDE – SCHLÜSSEL ZUM ERFOLGREICHEN NETZWERKEN

Ja oder Nein zur Lebensfreude?

Authentisch Netzwerken – das ist ein Dauerlauf, wenn nicht sogar ein Marathon, und kein kurzer Sprint. Netzwerken ist immer eine langfristige Angelegenheit und geschieht über viele Jahre hinweg. Schon allein deshalb ist es wichtig, Netzwerk-Aktivitäten in den eigenen Alltag einzubauen, Spaß und Freude daran zu haben.

Um Freude und Lust auszustrahlen, ist es wichtig, Freude und Lust zu empfinden. Das geht, wenn Sie Ihren Körper und Ihren Geist gesund halten und pflegen. Sie sollten sich in Ihrem Körper wohl fühlen. Die anderen merken es sofort – meist unbewusst –, wenn Sie unzufrieden mit sich selbst und der Umwelt sind.

Sie haben sicher schon Menschen erlebt, die pure Lebensfreude und gleichzeitig eine innere Ausgeglichenheit ausstrahlten, so dass Sie sich sofort wohl fühlten in deren Umfeld. Oft nennen wir diesen Effekt dann Charisma, tolle Ausstrahlung oder eben Lebensfreude. Bei solchen Personen fühlen wir uns gut, sie tun uns gut und wir wünschen uns, auch so zu sein wie sie oder lassen uns gern von ihnen anstecken.

Wiederum gibt es andere Menschen, da spüren Sie schon von weitem, dass von ihnen eine negative Energie ausgeht. Oft bestätigt sich dann auch im Gespräch deren negative innere Haltung. Egal, wann und wo man sie trifft, sie haben immer genug Gründe zu jammern, alles ist schlecht, früher war alles besser und einfacher und leichter und überhaupt.

Ging es Ihnen auch schon so, dass Sie nach Gesprächen mit diesen Personen plötzlich viele Bereiche in Ihrem Leben entdeckt haben, die eigentlich gerade schief laufen? Und dass Sie sich irgendwie runtergezogen und leicht deprimiert fühlten? Zumindest war von Ihrer vormals guten Laune nicht mehr allzu viel übrig.

Solche Menschen sind pure Energieräuber. Das Beste, was Sie tun können, ist, sich von solchen Personen fern zu halten. Es ist sicherlich nicht immer einfach, erst Recht, wenn der Energieräuber in der eigenen Verwandtschaft oder im Kollegenkreis ist. Versuchen Sie es dennoch. Sie müssen ja den Kontakt nicht sofort komplett abbrechen, aber Sie könnten zumindest versuchen, ihn zu reduzieren. Ich selbst halte mich seit Jahren möglichst fern von solchen Menschen und rückblickend habe ich festgestellt, dass ich diese Spezies auch kaum noch antreffe. Und wenn, dann vermeide ich von Anfang an solche Fragen wie „Wie geht's dir/Ihnen?" Weil ich die Antwort ja kenne und keine neue Version der letzten Jammertirade brauche.
Das bedeutet allerdings nicht, dass ich kein offenes Ohr für Familie oder gute Freunde habe, wenn sie Probleme haben oder wenn deren Tag einfach mal voll daneben ging.
Wie so oft, macht auch hier die Dosis das Gift. Und es ist ein großer Unterschied, ob jemand einen schlechten Tag hat und einfach mal alles raus muss, oder ob jemand jeden Tag einen schlechten Tag hat und einfach ein Dauernörgler ist.

Lebensfreude kann man lernen

Seien Sie bereits am Morgen schon dankbar für jeden neuen Tag und beginnen Sie damit, den Tag wohlwollend und neugierig darauf, was er Ihnen bringen mag, zu begrüßen. Freuen Sie sich auf neue Herausforderungen und seien Sie überzeugt davon, dass Sie sie meistern werden. Seien Sie offen dafür, welche neuen spannenden Menschen Ihnen dieser Tag bringt und wie diese Ihr Leben bereichern werden. Ich bin ein großer Fan von Weisheiten und Aphorismen und eines meiner Lieblingssprüche zu diesem Thema lautet: „Jeder Mensch der in dein Leben tritt ist entweder ein Geschenk oder eine Lektion."
Ich gebe zu, dass ich natürlich auch schon einiges an Lektionen habe lernen müssen und in den Momenten in denen ich die Lektion erkannte, hätte ich liebend gern darauf verzichtet. Im Nachhinein aber bin ich sogar diesen Menschen dankbar dafür. Wer weiß, vor was mich diese Erfahrungen in der Zukunft bewahren.

Denken Sie positiv. Ja, Sie haben es wahrscheinlich schon oft gelesen, und ja, es ist bewiesen, dass eine positive Lebenseinstellung hilft. Doch immer noch sind so viele Menschen negativ eingestellt. Das geht mit der täglichen Arbeit los. Warum quälen sich jeden Morgen Menschen in ihre Arbeit, die ihnen keinen Spaß macht? Die sie krank, depressiv und unzufrieden macht? Wer zwingt sie dazu? Gibt es wirklich Menschen, die andere mit der Peitsche prügeln, damit sie früh zur Arbeit gehen? Nein, natürlich nicht, doch es ist einfach bequemer, nichts zu ändern und stattdessen zu jammern. Denn den „unfähigen Chef" kennt man ja, und auch die „nervigen" Kunden, Patienten, Mandanten oder Klienten kennt man. Von den Kollegen ganz zu schweigen. Denen geht es ja teilweise noch schlimmer. Und weil das alles bekannt ist, ist es auch irgendwo sicher, dass es jeden Tag von vorn los geht und alles beim Alten bleibt, wenn auch beim „frustrierenden" Alten. Etwas zu ändern bedeutet ja, die eigene Komfortzone zu verlassen und sich unbekannten Herausforderungen zu stellen. Dann doch lieber weiter jammern.

Ich bin immer erstaunt, wenn ich Radio höre – und die Moderatoren feiern und freuen sich darüber, dass ENDLICH Mittwoch ist und somit Bergfest und dass die schlimme Arbeitswoche der Hörer nun zur Hälfte geschafft ist. Und die zwei Tage bis Freitag überleben wir auch noch irgendwie. Freitag wird dann natürlich richtig in die Hände geklatscht und getanzt, das jetzt endlich diese unschöne Woche vorbei ist und das schöne Wochenende losgehen kann. Aber was ist denn das für ein Leben? Wir verbringen die meiste Zeit unseres Lebens in der Arbeit, mit der Arbeit. Sollte diese da nicht mindestens genauso viel Spaß und Freude bringen wie Urlaub oder Freizeit?
Ich kenne nicht wenige Menschen, die „existieren" in der Zeit zwischen den Urlauben, in den Urlauben „leben" sie und blühen auf. Ich finde das sehr traurig. Denn das Leben ist viel zu kurz, um nur in den Urlauben, an den Wochenenden oder an arbeitsfreien Tagen „Lebens-Freude" zu haben.

Was ist es bei dem, was Sie täglich tun, das Ihnen am meisten Freude bereitet? Und am zweit-meisten? Denken Sie gründlich darüber nach und wenn Sie etwas gefunden haben, dann freuen Sie sich jeden Morgen darauf und stellen Sie sich vor, wie Sie dabei Ihr Bestes geben und immer besser werden. Tun Sie, was Ihnen Freude bereitet, mit Begeisterung, Leidenschaft – und Sie werden nicht nur richtig gut in Ihrem Job, sondern Sie stecken die Menschen in Ihrer Umgebung mit Ihrer Lebensfreude an. Das macht Sie attraktiv und zur gern gesehenen Zeitgenossin, Freundin oder Begleiterin.

Wenn Sie so gar nichts finden können, was Ihnen an Ihrer Arbeit Spaß macht, dann sollten Sie darüber nachdenken, warum Sie sie eigentlich noch jeden Tag tun. Weil der Kredit auf das Haus noch läuft? Oder weil Sie im Winter davon den Skiurlaub bezahlen können und im Sommer den Flug nach Mallorca? Sind die Urlaube dann quasi Ihr Schadensersatz für Ihre Gesundheit und Ihr Wohlbefinden, die in den Zeiten dazwischen leiden? Wie schade!

Sicher ist es nicht einfach, einen neuen Job anzutreten, wenn die Bank jeden Monat die hohen Raten abbucht. Aber was ist das Haus dann wert? Sie zahlen dieses Haus, dieses Auto auf Kosten Ihrer Lebensfreude, Ihrer Lebensqualität und Ihrer Gesundheit ab. Schlimmstenfalls liegen Sie krank im Bett, wenn die letzte Rate fällig ist. Und haben Sie bis dahin gelebt? Nein.

Dabei haben Sie es doch selbst in der Hand, Sie können Ihre Situation jetzt ändern. Ihr Körper und Ihre Seele werden es Ihnen danken. Mit Lebensfreude und Gesundheit. Natürlich weiß ich, dass Veränderungen nicht einfach sind. Einer meistert sie scheinbar leicht, der andere hat monatelang daran zu kauen. Doch in allen Fällen, die mir bekannt sind aus meiner Netzwerk- und Coaching-Erfahrung, geht es den Menschen nach einem Ruck, einer bewussten Veränderung im Leben wesentlich besser als in ihrem „alten" Leben. Damit meine ich nicht, dass sie jetzt mehr Geld haben. Nein, es ist etwas anderes was sie in großer Menge haben: Glück, Zufriedenheit, Wohlbefinden, Spaß am Leben. Und das an jedem Tag, egal ob Dienstag oder Sonntag ist. Sie erleben mehr und haben somit viele wunderbare Erfahrungen und Erinnerungen, Sie lernen neue Wege kennen und neue Menschen, die ihnen gut tun und die sie wiederum inspirieren, ihren Weg weiter zu gehen und an sich zu glauben. Sie haben Erfolgserlebnisse, sind weniger krank und entdecken neue Talente und Hobbies, von denen mancher jahrzehntelang gar nicht wusste, dass es sie gibt, geschweige denn, dass sie selbst Freude und Erfüllung darin finden könnten.

Halten Sie also Ihren Geist, Ihre Psyche gesund, so dass Sie jeden Tag genießen, dass Sie Sachen machen, die Ihnen Freude bereiten – und ja, dazu gehört ein Business oder ein Job, der Ihnen die meiste Zeit Spaß macht – und umgeben Sie sich mit Menschen, die Ihnen gut tun. Ärgern Sie sich nur kurz über das, was Sie ohnehin nicht ändern können. Ansonsten ändern Sie es.

Klare Kommunikation

Eine Ursache der häufigsten Streitereien, Frustmomente, Wut und Missverständnisse ist fehlende oder falsche Kommunikation. Zwischen dem was man sagt und dem was beim Gegenüber ankommt, liegen oft Welten. Keiner merkt es, aber alle Beteiligten wundern sich darüber, warum der andere jetzt so reagiert, und niemand ist sich einer Schuld bewusst.
Oft hilft es, der Ursache ein klein wenig auf den Grund zu gehen. Da sind zum einen unterschiedliche Erwartungen. Ich selbst war schon manchmal enttäuscht und durchaus auch sauer, weil jemand anderes nicht so reagierte, wie ich es erwartet hatte. Natürlich hatte ich meinem Gegenüber im Vorfeld nicht gesagt, was für Erwartungen ich hatte, weil ich davon ausgegangen war, dass der Mensch die gleiche Erwartungshaltung haben müsse wie ich. Doch das ist einfach nicht selbstverständlich oder logisch. Und das Wort „enttäuscht" drückt es schon aus. Ich bin „ent-täuscht" bzw. ich habe mich getäuscht. Sofern ich nicht klar kommuniziert habe, was ich erwarte, „enttäuscht" mich der andere zwangsläufig. Weil dieser andere Erwartungen hat und sie entsprechend seinen eigenen Erwartungen erfüllt.
Hier ist es hilfreich, von Anfang an klar zu kommunizieren, was die eigenen Erwartungen sind und dies so detailliert wie möglich. Am besten, Sie lassen es sich von Ihrem Gegenüber noch einmal mit

eigenen Worten sagen, damit Sie sicher sein können, dass Sie beide über das Gleichen sprechen. Auch beim Netzwerken, egal ob im Business oder privat, ist klare Kommunikation sehr wichtig.

Viele Menschen nehmen Dinge oft zu persönlich. Gerade beim geschriebenen Wort. Doch im E-Mail, Chat oder Brief fehlt der gesprochene Ton oder die nonverbale Kommunikation. Beides sind aber entscheidende Elemente, um zu unterscheiden, ob ein Text Ironie enthält, sachlich, wütend oder traurig gemeint ist. Je nachdem, in welcher Verfassung der Leser und die Leserin in diesem Moment sind, „würzen" sie den Text mit der eigenen Stimmung. Deshalb ist es ratsam, wichtige Themen stets persönlich zu besprechen statt zu schreiben.

Manchmal ist aber auch der andere in einer Krise oder schlechten Lage und reagiert völlig überzogen. Folgendes war mir zum Beispiel passiert: einer guten Freundin, die ich bereits seit vielen Jahren kenne und mit der ich bisher auch nie Streitereien hatte, sendete ich ein E-Mail mit der Frage, ob sie mir die vor einigen Wochen, ausgeliehenen Unterlagen demnächst wieder geben könne, weil ich sie für ein Projekt benötige. In dem E-Mail schrieb ich neben einem kleinen Text noch ein oder zwei weitere Fragen, die aber nichts mit den Unterlagen zu tun hatten. Sie beantwortete auch zeitnah meine Nachricht, ließ aber die Frage nach den Unterlagen unbeantwortet. Ich antwortete ihr erneut, stellte weitere Fragen und bat auch wieder um die Unterlagen. Sie antwortete, ließ aber wieder die Angelegenheit mit den Unterlagen unerwähnt.
Nun mag ich es nicht besonders, wenn jemand meine Fragen ignoriert. Ich war ihr aber auch nicht wirklich böse und wollte dennoch unbedingt dran bleiben, weil ich ja meine Unterlagen brauchte, und fragte dann ein drittes Mal ganz direkt und ohne weiteren Text, ob sie meine Frage gelesen habe und mir antworten könne. Woraufhin ich eine gepfefferte Nachricht erhielt, ob ich denn immer alle mir gestellten Fragen sofort beantworte und keine wichtigeren Dinge zu tun hätte. Des Weiteren schrieb sie, dass sie mich sehr beneide, wenn die Unterlagen mein größtes Problem seien und ich anscheinend nichts Besseres zu tun habe, als sie damit zu

nerven. Im ersten Moment war ich wirklich baff, empört und verletzt, weil ich überhaupt nicht mit einer solch heftigen Reaktion gerechnet hatte – und weil es meiner Meinung nach die Sache auch gar nicht wert gewesen wäre, so zu reagieren. So kannte ich meine Freundin nicht. Meine erste spontane Reaktion war der Impuls, sofort zurück zu schreiben. Allerdings fielen meine Sätze ähnlich aggressiv aus wie ihre. Nach dem vierten Satz löschte ich alles. Ich las mir ihr E-Mail noch einmal in aller Ruhe durch und merkte dabei, dass gar nicht ich das Problem sein könne, sondern wohl sie selbst. Ich hatte nur mit meiner wiederholten Frage das Fass zum Überlaufen gebracht. Ich schrieb ihr dann in sehr liebevollen Zeilen, dass ich das so nicht gemeint habe und dass ich gern mit ihr sprechen wollte. Wir trafen uns einige Tage später im Café. Als ich fragte, ob es ihr gut gehe, brach sie sofort in Tränen aus, sagte, dass es ihr gar nicht gut gehe und erzählte mir von ihren gravierenden Problemen. Das erklärte alles. Wie ich vermutet hatte, war gar nicht ich das Problem, sondern ihre derzeitige schwierige Lebenssituation. Es wäre falsch gewesen und hätte traurig geendet, wenn ich ihre unbedachten Zeilen persönlich genommen und ihr wiederum ebenfalls im E-Mail Vorwürfe gemacht hätte. Das hätte in einem völlig unnötigen Streit enden können. (Meine Unterlagen hatte ich übrigens noch im Café zurückbekommen.) Und so geht es sehr vielen Menschen. Sie kennen diese Situationen, wie ich sie erlebt habe, auch. Dass der/die andere aus vermeintlich nichtigen Gründen einfach explodiert oder unerwartet reagiert. Und wir erst einmal geneigt sind, dass sehr persönlich nehmen. Wir nehmen so manches viel zu persönlich und uns selbst damit zu wichtig. Ich plädiere hier fürs genaue Hinschauen und Hinhören: Würden wir mehr auf die ungeschriebenen Worte zwischen den Zeilen achten, ein wenig mehr Empathie unserem Gegenüber entgegenbringen und ein wenig mehr zuhören, dann hätten viele Missverständnisse, ungute Gefühle und Streits gar keine Chance. Ein Konflikt – das ist schlechte Energie, und diese Energie fehlt uns dann für die wirklich wichtigen Themen. Ich sage damit nicht, dass Sie jedem Streit aus dem Weg gehen sollen. Streit ist auch heilsam und rückt Dinge zurecht. Wenn jemand beleidigend oder persönlich verletzend ist, dann kommt man mit liebevollen Worten nicht unbedingt weiter, dann braucht es auch klare Ansagen und klar gesetzte Grenzen. Auf das ebenso persönlich beleidigende Niveau dürfen Sie sich allerdings nicht herab begeben.

Seien Sie gut zu sich!

Halten Sie Ihre Seele gesund, indem Sie das tun, was gut für Sie ist. Indem Sie Ihre Zeit mit Menschen verbringen, die Ihnen gut tun und mit denen Sie Spaß haben. Menschen, die an Sie glauben, die Sie bestärken und Sie unterstützen, die Ihr Potential und Ihre Kraft sehen, die Sie inspirieren und motivieren, die immer hinter Ihnen stehen und Ihnen in Zeiten der Zweifel und Ängste Mut machen, die aber liebevoll darauf achten, dass Sie nicht zu lange im Jammertal versacken.

Und wenn Ihnen immer wieder die gleichen Energiefresser begegnen, dann reflektieren Sie Ihr Verhalten. Gehen Sie der Sache auf den Grund. Was strahlen Sie aus, dass Sie immer wieder die gleichen unangenehmen Zeitgenossen anziehen? Wie gehen Sie selbst mit sich um? Schimpfen und beleidigen Sie sich in Gedanken, wenn Ihnen ein Fehler unterläuft? Oder wenn Sie morgens in den Spiegel schauen, die Haut blass ist und die Haare zerzaust in alle Richtungen stehen? Finden Sie sich auch dann klasse und unwiderstehlich? Das sollten Sie nämlich!

Achten Sie darauf, wie Sie mit sich selbst reden, achten Sie auf Ihre Gedanken, denn der Gedanke ist der Anfang von allem. Achten Sie auf Ihre Selbstliebe und reden Sie positiv mit sich. Es gibt sehr viel gute Literatur zum Thema Selbstliebe und man kann daraus viel für die eigene Persönlichkeitsentwicklung lernen.

Achten Sie darauf, dass Sie sich stets weiter entwickeln. Ich bin einmal diesem Spruch beggenet: „Wer meint, noch grün zu sein, der kann wachsen. Wer meint, reif zu sein, der fault nur noch." Also: Lernen Sie immer wieder Neues kennen und setzen Sie sich Ziele!

Biegen Sie auf Ihre Zielgerade ein!

Ich selbst setze mir in den folgenden vier Bereichen Ziele:

- Berufliche Ziele
- persönliche Werte-Ziele
- Gesundheit & Körper
- gesellschaftliche/soziale Ziele

Zu meinen **beruflichen Zielen** gehören unter anderen, dass ich stets mein Business weiter verbessern möchte, dass ich mir Umsatzzahlen vornehme zu erreichen und dass ich ein Buch schreiben möchte.

Was sind Ihre beruflichen Ziele?

Wieviel möchten Sie verdienen?

Welche Investitionen möchten Sie gern tätigen? Wieviel Mitarbeiter möchten Sie haben?

Nehmen Sie sich etwas Zeit und überlegen Sie sich, was Sie gern erreichen möchten. Sie können auch eine Tabelle machen mit Zielen, die Sie in 6 oder 12 Monaten erreichen möchten – und in 3 Jahren.

Persönliche Werte-Ziele sind für mich zum Beispiel, mehr Zeit mit der Familie, den Kindern oder dem Partner zu verbringen; meine eigene Persönlichkeit weiterzuentwickeln, eine Fremdsprache zu lernen, meditieren zu lernen, ein Musikinstrument spielen. Was können und wollen Sie regelmäßig gutes für sich selbst tun? Sich einmal monatlich die Massage gönnen oder endlich die neue Sportart ausprobieren? Einen Kochkurs besuchen oder jeden Monat einen ganzen freien Tag nur sich selbst gönnen? Den Mount Everest besteigen?

Nehmen Sie sich auch hier die Zeit und horchen Sie in sich hinein, was Sie schon immer tun wollten. Ab jetzt gibt es keine Ausreden mehr! Schreiben Sie Ihre Wünsche auf und kommen Sie dann in die

Umsetzung. Mit meinen Kunden und Kundinnen im Coaching mache ich das ganz genauso. Wir schauen gemeinsam, wo die verborgenen Schätze liegen, schreiben diese auf – und dann beginnen wir Stück für Stück, an der Umsetzung der einzelnen Punkte zu arbeiten. Natürlich geht nicht alles auf einmal, das würden die wenigsten verkraften.

Mit jeder begonnenen Umsetzung wachsen Mut und Motivation, dran zu bleiben. Und die neu gewonnenen Erkenntnisse beflügeln Sie dazu, unbedingt weiter zu machen und noch mehr zu erleben. Jedes Fernsehprogramm verblasst daneben und nicht selten höre ich nach einigen Wochen, von meinen Kunden den Satz, dass sie gar keine Lust mehr zum Fernsehen haben, weil der Alltag jetzt so viel Freude, Energie und Abwechslung bringt.

Gesundheit & Körper: Essen Sie immer noch zu viel Süßes und trinken täglich zu viel Kaffee? Hier kommen genau solche Ziele rein wie zum Beispiel: regelmäßig Sport oder ein ausgedehnter Spaziergang an der frischen Luft, bei jedem Wetter? endlich die empfohlenen 2 Liter Wasser am Tag trinken? Yoga anfangen? Weniger Fleisch essen? Mittagsschlaf halten? Den Tanzkurs buchen?

Was auch immer es bei Ihnen ist - wie geht es Ihnen? Wie fühlen Sie sich? Zu was haben Sie Lust? Schreiben Sie ruhig erst einmal alles auf, ohne nachzudenken. Selbst Wünsche, die anfangs abstrakt klingen oder bei denen Sie denken „Das ist ja völlig unmöglich, da komme ich nie hin!". Das wissen Sie JETZT doch noch nicht! Dass Sie dort nie hinkommen ist nur Ihr eigener Gedanke - und der beschränkt Sie gerade massiv. Also Gedanken ruhen lassen und einfach schreiben. Hinterher können Sie selbst als Ihr eigener größter Kritiker immer noch reduzieren, wenn wirklich unbedingt nötig.

Gesellschaftliche/ Soziale Ziele beschäftigen sich mit Ihrem Freundes- und Bekanntenkreis sowie Ihrem sozialen Engagement. Sollten Sie noch nicht regelmäßig etwas mit Freunden oder Bekannten unternehmen, dann tun Sie dies. Schaffen Sie gemeinsame Erlebnisse. Dies können Spieleabende sein, gemeinsame Wandertage, Bootsfahrten, abwechselnde Kochabende, Theaterbesuche, Besuche von Festen, Konzerten und Jubiläen. Oder unterstützen Sie sich gegenseitig im Garten oder bei Ihren Hobbys.

Engagieren Sie sich im sozialen Bereich. Sie werden merken, welch ein Glücksgefühl es ist, anderen zu helfen und gemeinsam in einer Sache erfolgreich zu sein. Die Palette ist riesig. Sie können sich im örtlichen Tierheim engagieren, in Seniorenheimen die Nachmittage oder Wochenenden mit gestalten, bei der Heilsarmee Essen verteilen oder in verschiedenen Vereinen Kinder unterstützen. Sie können Musik machen mit Kindern oder einem Sportverein helfen, sich für die Umwelt einsetzen oder dem Denkmalschutz beitreten. Was auch immer Ihnen Spaß und Freude bereitet, gehen Sie hin und tun Sie es!

Wenn Sie sich in all diesen Bereichen Ziele setzen und sie umsetzen, dann werden Sie ein Leben führen, in dem Langeweile, Monotonie und Frust einfach keinen Platz mehr haben. Sicher wird nicht jeder Tag Sonnenschein sein. Aber Sie werden entspannter und toleranter mit den Herausforderungen des Alltags umgehen. Sie werden eine interessante und spannende Gesprächspartnerin auf jedem Netzwerkevent, weil Sie viel erleben und viel zu erzählen haben. Sie werden Menschen kennenlernen, bei denen Sie heute noch nicht mal ahnen, dass sie Ihr Leben bereichern und Ihnen wiederum neue Türen und Chancen öffnen werden. Sie werden erfüllt sein von Glück, Lebensfreude und Tatendrang – und genau das werden Sie auch ausstrahlen.

Egal auf welcher Veranstaltung Sie sind, erfüllte und lebensfrohe Menschen wie Sie sind dort gern gesehene Gäste und werden immer wieder eingeladen. Weil Sie die Veranstaltung bereichern, weil Sie für eine tolle Atmosphäre sorgen und weil die anderen Gäste mit Ihnen Spaß haben.

Wenn Sie sich die Ziele aufgeschrieben haben, dann picken Sie sich aus jedem Bereich eines heraus und beginnen Sie jetzt sofort mit der Umsetzung. Wenn Sie meditieren lernen möchten, dann schauen Sie jetzt nach, wo in Ihrer Umgebung Kurse angeboten werden und buchen Sie einen davon. Recherchieren Sie Literatur dazu und bestellen Sie sofort das Buch oder die CD. Die meisten Menschen schreiben ganz wunderbare Ziele auf, aber kommen nie über das Schreiben hinaus. Deshalb ist es wichtig, dass Sie sofort anfangen. Nutzen Sie den Flow und die Energie der Tatkraft! Je öfter Sie dann eine Sache getan haben, umso mehr gewöhnt sich Ihr Gehirn daran und umso leichter können Sie es auch Wochen später noch umsetzen.

Ein guter Bekannter von mir ist 58 Jahre alt, Geschäftsführer einer großen Firma in Deutschland, und träumte sein Leben lang davon, einmal nach New York zu kommen. Seine enorme Flugangst und ständige geschäftliche Verpflichtungen ließen ihn dauernd neue Ausreden finden, warum es nicht möglich sei, dorthin zu kommen – seit vielen Jahren schon. Die plötzliche schwere Krankheit eines guten Freundes öffnete ihm die Augen dafür, wie schnell das Leben von einer Minute auf die andere vorbei sein kann. Er buchte noch unterwegs im Zug auf seinem iPad einen Flug nach New York, für 6 Monate später. Ganz spontan und ohne Rücktrittsversicherung. Kurz vor der Reise wurde er immer nervöser und bereute schon fast sein damaliges überstürztes Engagement. Die Flugangst machte sich breit, und schon beim Gedanken daran bekam er Schweißausbrüche und hatte sämtliche Flugzeugkatastrophen der letzten Jahre vor Augen. Hinzu kommt, dass er kein einziges Wort Englisch spricht. Für viele ist allein das Grund genug, gar nicht erst los zu fliegen. Er flog aber los. Und kam euphorisiert, glücklich und mit einer kaum zu stoppenden Begeisterung, die sich in permanenten Schwärmereien über die Reise zeigte, wieder. Es waren nicht nur die vielen Eindrücke einer tollen Stadt und der bunten Vielfalt an Menschen, die ihn so glücklich machten. Es war auch der sehr gewagte Schritt aus der eigenen Komfortzone heraus. Das Überwinden der Angst und der Schritt ins Unbekannte. Der Stolz, es geschafft zu haben, die Flugangst und Angst vor den nicht vorhandenen Sprachkenntnissen zu überwinden. Dabei gewesen zu sein und über sich selbst hinaus zu wachsen. Diese Erinnerungen kann ihm keiner mehr nehmen. Und die enorme Kraft, die er aus dem Entschluss zog, die Reise anzutreten, trägt ihn schon seit Monaten und sicher weiterhin durch viele weitere Herausforderungen.

Setzen Sie sich Ziele, aber betrachten Sie diese nicht „als in Stein gemeißelt". Nehmen Sie sie als Richtung, die es gilt anzustreben und so nah wie möglich heran zu kommen. Bleiben Sie aber auch flexibel, Ihre Ziele anzupassen oder abzuwandeln. Wenn Sie sie zu sehr fixieren und dann nicht erreichen, weil diese für den Zeitraum zu kurz bemessen waren oder andere elementare Ereignisse dazwischen gekommen sind, dann sorgt das nur für Frust und Zweifel an sich selbst. Also setzen Sie sich Ziele und verfolgen Sie diese auch, aber nicht um jeden Preis.

Geistige Nahrung, körperliche Nahrung

Wenn Sie langfristig fit sein möchten und Lebensfreude ausstrahlen möchten, dann sollten Sie nicht nur darauf achten, die Seele gesund zu halten, sondern auch den Körper.

Achten Sie darauf, was Sie essen, wie Sie essen und wann Sie essen. Nach wie vor wird in Deutschland viel zu viel Zucker konsumiert. Es ist auch nicht wirklich einfach, Lebensmittel ohne Zucker zu finden. Dennoch kann man die Menge stark reduzieren, wenn man darauf achtet.

Ich habe im Frühjahr 2015 damit begonnen, (fast) komplett auf Weizen in meiner Ernährung zu verzichten, und versuche täglich 2 Liter stilles Wasser zu trinken. Alkohol trinke ich schon seit Jahren nicht mehr. Inzwischen hat sich mein Körper/ Magen so daran gewöhnt keinen Alkohol zu bekommen, dass, wenn ich mich doch mal überreden lasse, das eine oder andere Schlückchen zu nehmen, ich entweder recht schnell sturzbetrunken bin oder/und es mir so schlecht und elend geht, dass der Abend gelaufen ist. Deshalb lasse ich es inzwischen ganz.

Der Verzicht auf Weizen klappt sehr gut, der Vorsatz mit dem Wasser nicht immer. Seitdem ich auf Weizen verzichte, fühle ich mich sehr viel wohler und auch meine Haut sieht seitdem viel besser aus. Auf das eine oder andere Stück Kuchen kann und möchte ich dennoch nicht verzichten, dafür schmeckt mir Kuchen einfach zu gut (vor allem Eierschecke!) – und außerdem möchte ich mich nicht kasteien. So ein paar kleine Laster braucht ja jeder Mensch. Apropos Laster: auch wenn ich größtenteils auf Zucker verzichte, genehmige ich mir hier und da, vor allem im Winter, eine heiße weiße Schokolade. Ja, sie ist pappsüß, und ja, da steckt eine richtig große Portion Zucker drin. Na und? Ab und zu brauche ich das und auch solche vermeintlichen „Ausrutscher" gehören zu einem glücklichen und genussvollen Leben dazu.

Schauen Sie genau, welche Ernährung Ihrem Körper gut tut. Essen Sie möglichst naturbelassene Lebensmittel und lassen Sie Fertigprodukte komplett weg. Sehen Sie sich die Zutatenliste der Produkte in Ihrem Einkaufswagen an. Ich kaufe inzwischen so gut wie gar keine Lebensmittel mehr, in denen Zusatzstoffe enthalten sind. Das geht nicht immer zu 100%, aber bereits dieses Bewusst-Darauf-Achten-Und-Reduzieren hilft uns, den Körper von chemischen Zusatzstoffen frei zu halten. Ich bin keine Ernährungs-Expertin, ich schreibe Ihnen das hier aus meiner eigenen Erfahrung und Sichtweise. Im Internet und in vielen Ratgebern zu Ernährung und körperlichem Wohlgefühl gibt es sehr gute Informationen und Erklärungen zu den einzelnen Formen. Belesen Sie sich, probieren Sie aus und setzen Sie Ihre Erkenntnisse und Ernährungs-Ziele dann dauerhaft um.

Für einen gesunden Körper ist auch Sport ganz wichtig. Sie müssen sich nicht unbedingt im nächsten Fitness Center anmelden, wenn das nicht Ihr Ding ist. Sie können auch einem Verein beitreten, oder regelmäßig joggen oder spazieren gehen. Für mich war dann das Fitness Center die beste Variante, da ich dort zeitlich flexibel und auch am Wochenende hingehen kann. Nach dem Aufwärmen mache ich eine Stunde Krafttraining und, sofern ich es zeitliche schaffe, hänge ich noch eine Stunde Konditionstraining auf dem Crosstrainer dran. Und wieder so ein Spruch, den ich irgendwo gelesen habe: „Die ersten 30 Minuten auf einem Crosstrainer läufst du für den Körper, die zweiten 30 Minuten für die Seele." Zu meiner eigenen Überraschung funktioniert das tatsächlich. Schon oft ging ich mit tausend Gedanken im Kopf zum Training und wälzte manches (schwerwiegende) Problem hin und her. Nach einer Stunde laufen auf dem Gerät habe ich das Gefühl, dass das Problem schon gar nicht mehr so schwerwiegend ist. Ich weiß, es ist damit nicht gelöst, aber ich gehe es ganz anders an, wenn ich ein leichteres Gefühl habe. Lösungen sehe ich dann schneller und die Umsetzung geht leichter. Das Gleiche können Sie auch beim Joggen, Spazierengehen oder Meditieren erleben. Probieren Sie es aus - und schreiben Sie mir gern Ihre Erfahrungen!

Raus aus der Angst, rauf auf die Bühne des Lebens!

Als Andrea Müller zu mir ins Coaching kam, hatte ihr Job sie krank und arbeitsunfähig gemacht. Sie war oft depressiv, hatte starkes Übergewicht und traute sich monatelang kaum aus dem Haus. Um wenigstens irgendetwas zu arbeiten, hatte sie angefangen mit Networkmarketing-Vertrieb und verkaufte Kosmetikartikel und Nahrungsergänzungsmittel.

Im Laufe des Coachings erzählte sie mir, dass sie vor der Krankheit eine Frohnatur war, die gern Menschen begeisterte, und gesund und schlank war. Sie holte ihr Hochzeitsfoto hervor, das sie vor 20 Jahren zeigte, und ich erkannte sie kaum wieder. Sie sah wirklich so aus, wie sie sich beschrieben hatte. Schlank, glücklich und mit sich selbst zufrieden. Mich beschäftigte dieses Gespräch tagelang und ich überlegte, wie ich ihr helfen könnte. Ich wollte es nicht akzeptieren, dass diese Perle an Fröhlichkeit, Attraktivität und Begeisterung, die immer noch da war, für den Rest des Lebens verschüttet blieb.

Bei unserem nächsten Termin ging es als ein Bestandteil meiner Beratung um das Thema „Netzwerken". Wir suchten gemeinsam kommende Netzwerkevents aus den Angeboten heraus und meldeten sie an. Bei einer Veranstaltung ergab es sich, dass Andrea eine kleine Präsentation ihres Vertriebs machen sollte. Ich war dabei. Und ich beobachtete, wie sie es machte. Je länger ich sie beobachtete umso klarer wurde mir, welch ein riesiges Potential in ihr steckte. Sie machte ganz allein eine (Mini-)Show und begeisterte das Publikum.

Ich dachte die ganze Zeit nur, diese Frau gehört auf eine Bühne. Sie war fantastisch.

Kurze Zeit später war sie wieder bei mir in der Beratung und ich erzählte ihr von meinen Beobachtungen und Gedanken. Sie saß am Tisch – und ich lief euphorisch und teilweise wütend über diese Verschwendung an Potential in meinem Büro auf und ab. Ich fragte sie, was das Ganze solle. Warum sie sich mit dem Vertrieb abmühe, der ihr sowieso noch nie Spaß gemacht habe, warum sie depressiv zu Hause sitze und jammere, wo sie so einen riesigen Schatz, solch ein enormes Potential an Fantasie, Begeisterung, Präsenz und Kreativität in sich trage.

Ich sagte: „Du gehörst auf die Bühne! Werde Schauspielerin oder Comedian und begeistere die Menschen! Du hast die Gabe, sie zum Lachen zu bringen! Du gehörst auf die Bühnen dieser Welt und komm', verdammt nochmal, raus aus deiner modrigen, sumpfigen Vergangenheit!" Sie schaute mich ganz kleinlaut von unten an und sagte mit großen Augen: „Ich wollte schon immer auf die Bühne. Das ist mein Traum." Jetzt war ich platt und fragte: „Und warum bist du dann nicht dort?"

Sie erzählte mir, dass ihre Eltern verlangten, dass sie einen „ordentlichen" Beruf lernen solle. Deshalb sei sie Beamtin geworden. Dieser Job habe sie krank gemacht und seitdem sei nicht nur ihr Selbstbewusstsein in den Keller gerutscht, sondern sie habe auch Übergewicht bekommen, durch Frustessen und falsche Ernährung. An manchen Tagen traute sie sich tatsächlich kaum aus dem Haus. Den Vertrieb habe sie angefangen, um wenigstens irgendetwas zu tun, von Spaß im Job könne keine Rede sein.

„OK", sagte ich, „wenn du das wirklich willst, dann fang damit an!" Nun schaute sie mich wieder mit großen Augen an und fragte: „Und wie soll das gehen? Anfangen?" Ich überlegte und sagte, dass sie Gelegenheiten bräuchte, um ihr Können unter Beweis zu stellen und erste Erfahrungen zu sammeln. Ich sagte ihr, sie solle sich einen

Bühnen-Namen für sich überlegen und sich einmal anschauen, wer ihre Vorbilder seien und was sie von ihnen lernen könne.

Nach dem Termin recherchierte ich einige kleinere Veranstaltungen, die in der nächsten Zeit in der Umgebung stattfanden und kontaktierte die Organisatoren. Das passendste für Andrea Müller schien mir das Sommerfest eines Businessnetzwerkes zu sein, das sechs Wochen später stattfinden sollte. Ich rief meine Andrea einige Tage später an und fragte, wie weit sie mit den Aufgaben sei. Wie bei vielen Menschen, war auch bei ihr der Wunsch auf der Bühne zu stehen, zwar groß, aber die Angst vor der Umsetzung war noch größer. Die eigenen Zweifel, nicht gut genug zu sein, die Angst davor, was denn die anderen dazu sagen würden, ließen sie alle möglichen Tagesaufgaben, wie Einkaufen, das Haus saubermachen, Fensterputzen erledigen, aber keine einzige davon brachte sie ihrem Traumjob näher.

Ich sagte ihr, dass ich einen ersten Auftritt für sie habe, einen Premierenabend sozusagen. Sie war völlig überrascht und wusste nicht, ob sie sich freuen oder noch mehr Angst haben sollte. Ich fragte sie daraufhin, ob es ihr denn wirklich ernst sei, mit der Bühne und einem neuen Job. Sie sagte „Ja, ja auf jeden Fall, ich will das seit Jahrzehnten." Daraufhin sagte ich: „Dann fang' endlich an! Oder was wolltest du jetzt anderes machen?" Etwas ängstlich piepste sie, dass das Sommerfest ja schon bald sei, und sie habe noch nicht mal ein Programm. Ich antwortete: „Na und? Du hast ja jetzt sechs Wochen Zeit eines vorzubereiten." Daraufhin fiel ihr offenbar nichts mehr ein und sie stammelte kleinlaut, dass sie das dann mal machen würde.

Manchmal ist es besser ins eiskalte Wasser zu springen und einfach loszulegen. Wenn man zu lange überlegt und eine Sache ewig hin und her wälzt, geht der Spirit einer Idee verloren. Oft sind es unsere Ängste und Zweifel, die uns daran hindern, eine Sache umzusetzen.

Diese Ängste sind die häufigsten, warum Menschen ihre Träume und Pläne nicht umsetzen.

- Angst zu scheitern
- Angst sich zu blamieren
- Angst davor, was die anderen über einen denken
- Angst sich zu zeigen
- Angst nicht gut genug zu sein
- Angst vor Fehlern
- Angst vor Erfolg
- Angst den Erwartungen anderer nicht gerecht zu werden
- Angst vor unbekannten neuen Situationen

Diese Ängste tragen die meisten von uns in sich. Und wir alle kennen sie irgendwie mehr oder weniger. Manche sind sich ihrer bewusst, manche nicht. Das Ergebnis aber ist bei allen das gleiche: Sie haben Wünsche und Träume, und tief im Innern wissen sie, dass sie darin sehr gut wären und einen super Job machen würden. Dass sie glücklicher wären und ein schöneres Leben führen würden. Aber sie legen nicht los, sie setzen nicht um. Sie bleiben in ihrem alten Leben, in ihrer Komfortzone, wo sie zwar sicher, aber unglücklich sind. Alles, was sich in ihrer Komfortzone abspielt, kennen sie - und es gibt Ihnen Sicherheit. Für die meisten Menschen sind sogar unangenehme (aber bekannte) Situationen leichter zu ertragen, eben weil sie diese kennen, als sich neuen, unbekannten, aber durchaus angenehmen Situationen zu stellen. Ihren cholerischen Chef oder einen unangenehmen Kunden kennen sie seit Jahren. Jeden Sonntagabend wird ihnen schlecht, weil sie genau wissen, was sie in der kommenden Woche erwartet. Sie hassen es inzwischen, weil es seit vielen Jahren immer das gleiche Spiel ist. Woche für Woche, Tag für Tag. Und trotzdem gehen Sie jeden Morgen wieder hin. Und warum?

Weil sie Angst haben. Weil sie Angst haben, etwas Neues, Unbekanntes, aber mit hoher Wahrscheinlichkeit viel Schöneres, zu beginnen. Weil Sie nicht wissen, was auf sie zukommt und sie vielleicht nicht genug Vertrauen in sich haben, es zu schaffen. Weil sie sich vielleicht selbst nicht genug lieben und daher denken, dass die anderen sie so behandeln, wie sie es verdient haben. Ganz klar: Nein!

Sie haben ein wunderbares Geschenk bekommen. Leben. Allerdings nur ein Mal. Also nutzen Sie es und machen Sie es zu einem schönen Leben. Überwinden Sie Ihre Ängste und Zweifel und wagen Sie Dinge, die Sie schon immer tun wollten. Die Ängste sind ganz allein in Ihnen und auch nur Sie können sie spüren. Ängste sind Gefühle, die irgendwann einmal in Ihnen angelegt wurden. Sie wurden von jemanden betrogen und haben dabei viel Geld verloren? Nun haben Sie Angst davor, dass Ihnen das Gleiche wieder passieren könnte und deshalb wagen Sie es nicht. Dabei könnte die Sache nun ganz anders ausgehen. Wichtig ist, dass wir aus unseren Fehlern lernen. Wie konnte es dazu kommen? Welches Detail haben wir übersehen? Lag es an der Kommunikation? Was es auch ist, das dazu geführt hat, dass Sie jetzt Angst haben, es erneut zu versuchen, gehen Sie der Sache auf den Grund – und dann wagen Sie es!

Ich habe immer wieder gesehen, dass viele Menschen Angst davor haben, Wünsche umzusetzen. Sie malen sich die schlimmsten Szenarien aus, was alles passieren kann. Und dann tritt ironischerweise oft nicht ein einziges der vorher ausgemalten Schreckens-Szenarien ein. In den meisten Fällen passieren alle möglichen anderen Dinge – und diese sind sogar noch viel schöner und besser als die ausgedachten. Dinge, da wären sie auch mit der größten Fantasie niemals drauf gekommen.

Das Leben aber belohnt Sie, wenn Sie in die Umsetzung kommen und Ihr Leben für gute Erfahrungen/Wünsche/Anliegen nutzen. Sie bekommen plötzlich neue Chancen, Türen öffnen sich, Sie lernen neue Menschen kennen, die Sie inspirieren und eine Realität erleben lassen, von der Sie vorher nicht mal wussten, dass es sie für Sie gibt. Geschweige denn, dass das so viel Spaß macht. Sie bekommen ein erfüllteres und glücklicheres Leben, sobald Sie Ihre Komfortzone verlassen.

Und das Allerbeste ist: Sie werden innerlich entspannter, toleranter und großzügiger. Sie freuen sich auf jeden neuen Tag und was er Ihnen bringt. Sie können Menschen nicht mehr verstehen, die den ganzen Tag jammern und sich über alles aufregen. Sie werden es aktiv merken, wie diese Personen ihre negativen Energien versuchen bei Ihnen abzuladen – und Sie werden Wege finden, sich von diesen Personen fern zu halten.

Meine Kundin Andrea hatte sich übrigens der Herausforderung gestellt und tatsächlich in den sechs Wochen bis zum Sommerfest ein Programm geschrieben und dieses einstudiert. Da sie ihre Sache besonders gut machen wollte, besuchte sie an einem Wochenende noch das Seminar einer bekannten Kabarettistin. Es war dort nicht immer einfach für sie: im Seminar trug sie ihr Programm vor und danach wurde sie erstmal gründlich auseinander genommen, die Kritik reichte von „viel zu viele Füllwörter", über „du sprichst zu leise", bis hin zu „du gestikulierst zu wild herum" – und noch einiges mehr. Lob war sehr spärlich gesät. Sie sollte ihr Programm in sehr vielen Teilen ändern und wurde am Samstagabend mit dem Satz ins Hotel geschickt, dass die Trainerin gern am Sonntag noch einmal mit ihr üben würde. Aber bis dahin würde Andrea ja nicht das Programm vollständig umgeschrieben und erst Recht nicht neu auswendig gelernt haben. Doch genau in diesem Moment packte sie ihr Ehrgeiz. Sie dachte sich: „Na ihr werdet schon sehen, was ich alles kann."

Sie ging in ihr Hotelzimmer und weinte sich erst einmal den ganzen Frust des Tages von der Seele. Als es ihr wieder besser ging, ließ sie sich Abendbrot aufs Zimmer bringen und ging danach schlafen. Für 2 Uhr morgens hatte sie sich den Wecker gestellt. Sie stand auf, ging duschen und setzte sich sofort an ihr Programm. Sie änderte, korrigierte, feilte und verbesserte ihren Text, genauso, wie sie es am Tag zuvor gezeigt bekommen hatte. Dann lernte sie alles auswendig, übte und probte bis morgens um 7. Dann ging sie frühstücken, legte sich noch einmal 30 Minuten schlafen, und um 9 Uhr am Sonntag ging das Seminar weiter. Die anderen Trainingsteilnehmer trugen ihr Programm vor und erhielten hier und da Tipps zur Verbesserung. Andrea selbst lernte dabei auch mit. Dann war sie an der Reihe und jeder rechnete damit, ihr Programm vom Vortag erneut zu hören. Was sie aber ablieferte, war phänomenal. Ein komplett überarbeitetes Programm, eine starke selbstbewusste Stimme, ein auswendig gelernter Text und ein Einsatz, der mit dem des Vortages kaum zu vergleichen war. Alle waren begeistert. Nicht nur von dem enormen Wissenssprung, den sie von einem zum anderen Tag gemacht hatte, sondern auch von dem Fleiß und Engagement, das sie über Nacht geleistet hatte. Auch die Trainerin war des Lobes voll. Natürlich war nicht alles perfekt. Jeder Künstler beginnt am Anfang als Amateur. Aber jeder im Raum spürte die Leidenschaft und die Liebe, die hinter ihrer Arbeit steckte. Und jeder konnte sich ausmalen, wieviel Mühe und Willen sie in dieser kurzen Zeit in die Änderungen gesteckt hat. Es gab Applaus, Andrea weinte vor Freude. Sie war so stolz auf sich, dass sie es geschafft hatte, sich selbst zu überwinden, sie war glücklich, ihr Ziel erreicht zu haben und wurde von Gefühlen überwältigt, die sie seit vielen Jahren nicht mehr gefühlt hat.

Zum Sommerfest war sie natürlich wahnsinnig aufgeregt, war es doch ihr allererster Auftritt vor richtigem Publikum. Doch sie präsentierte ihr Programm mit Bravour, bekam viel Applaus und zu ihrer eigenen Überraschung die erste Buchung für eine private Geburtstagsfeier.

Inzwischen hat Andrea regelmäßig Auftritte als Comedian. Sie ist „Frau Andrea" (www.frauandrea.de) – und sie wird immer besser und bekannter. Sie geht sehr viel unter Leute und hat in einem Jahr doppelt so viele Menschen kennengelernt, als sie vorher in 10 Jahren überhaupt kannte. Andrea ist völlig verwandelt. Sie strahlt eine Lebensfreude und Begeisterung aus, von der andere sich gern anstecken lassen. Sie hat ständig neue Ideen, die sie in ihren Programmen umsetzt und genießt das Leben in vollen Zügen. Es gab seither kaum noch depressive Tage, und wenn Probleme kommen, hat sie das Selbstvertrauen in sich, dass sie diese lösen kann. Hin und wieder braucht sie einen kleinen Motivationsschub, meist dann, wenn sie kurz davor steht, ein neues Leistungslevel zu erreichen. Dann kommt sie zu mir ins Coaching - und bekommt die Power, um für die nächsten Wochen ihre Pläne umzusetzen.

IM INTERVIEW: VIOLA KLEIN, UNTERNEHMERIN

 Foto: Kathleen Pfennig

Welchen Zweck hat für dich Netzwerken?

Es ist wichtig für mich, möglichst viele, für mich und meine Unternehmen wichtige Informationen, zu bekommen. Deshalb lese ich sehr viel, gehe auf relevante Vortragsveranstaltungen und treffe Menschen. Durch Gespräche erfahre ich viel über Menschen, Unternehmen, Strukturen, neue Strategien und Innovationen. Das geht auf keinen Fall nur über das Internet. Dieses wiederum nutze ich für das In-Kontakt-bleiben.

Verrate mir bitte deine drei besten Netzwerktipps.

Die gibt es nicht, das hängt immer von einem selbst, Deinen Zielen und Möglichkeiten ab!

Was sind für dich absolute No-Gos beim Netzwerken?

Ein Netzwerk muss wachsen, Vertrauen ist die Basis. Wenn jemand denkt, dass er sein Netzwerk „anzapfen" kann, ist er da ganz schnell raus! Netzwerk heißt GEBEN und Nehmen! Also wenn ich irgendwas will, muss ich mir überlegen, ob das in einem guten Verhältnis zu dem steht, was ich bereit bin zu geben!

Was meinst du, reicht es aus nur Online zu netzwerken? Oder empfiehlst du zusätzlich den Besuch von Veranstaltungen, und wenn ja, warum?

Nur Online reicht nicht aus! Das ist Schritt 2. Geschäfte werden von Menschen gemacht. Dieser Spruch ist wohl wahr. Und das erfordert ein Sich-kennen-lernen!

Welche Eigenschaften sollte ein guter Netzwerker/ eine gute Netzwerkerin inhaben?

Offenheit, Ehrlichkeit und die Absicht das, was er/ sie verspricht auch einzuhalten.

Was tust du persönlich für deinen Erfolg? (z.B. Sport treiben, Disziplin, gesunde Ernährung, Fokus behalten, Ziele setzen etc.)

Oh, ich achte nicht immer genug auf mich. Nehme mir das immer mal wieder vor. Aber ich werde besser, mache jetzt 2-3 Mal in der Woche Sport - wegen der Figur und der Fitness. Aber ich denke, wenn man das, was man tut, liebt, ist der Stress nur halb so groß! Von daher ist die richtige Wahl bei der Selbstständigkeit/ Beruf enorm wichtig!

Wie motivierst du dich an Tagen, an denen die Motivation fehlt?

Dazu kann ich Romane schreiben. Kein Rezept und sehr unterschiedliche Wege. Hängt sehr davon ab, worum es gerade geht! Und ich habe Glück mit meinen Genen gehabt. Von Natur aus bin ich ein optimistischer und fröhlicher Mensch! Das hilft.

Kann man privates und berufliches netzwerken trennen und wenn ja, wie? Und wenn nein, warum nicht?

Ich glaube, dass kann man nicht trennen. Die Basis für Netzwerke ist immer Vertrauen! Das aber entsteht nur, wenn man sich persönlich kennen lernt! Denn nur dann kann man wirklich vertrauensvoll miteinander arbeiten. Persönlich trenne ich dies nicht. Ich möchte nur mit den Menschen arbeiten, denen ich vertrauen kann und die mir vertrauen. Das ist aufwendiger, aber deutlich besser für die Arbeitsergebnisse auf beiden Seiten! Business wird nach wie vor nicht von Unternehmen gemacht, sondern von Menschen!

Viola Klein *studierte zu DDR-Zeiten Vorschulpädagogik und war mit 25 Jahren eine der jüngsten Kita-Leiterinnen der DDR. 1992 lernte sie ihren heutigen Geschäftspartner kennen und baute gemeinsam mit ihm das IT-Unternehmen Saxonia Systems auf. Mit fast 250 Mitarbeitern gehört Saxonia Systems inzwischen zu den führenden IT-Unternehmen in der Branche.*
Viola Klein ist außerdem Mitglied im Kuratorium der Deutschen AIDS-Stiftung und Organisatorin der jährlichen HOPE-Gala in Dresden.

HANDFESTE TIPPS FÜR IHREN AUSSENAUFTRITT

Visitenkarten

Nehmen Sie sich Ihre Visitenkarte vor – und ich hoffe doch sehr, dass Sie auch eine haben und nicht stets einen übergroßen Flyer Ihren potentiellen Kontakten auf Events mitgeben! Also: schauen Sie sich Ihre Visitenkarte ganz genau an.
Ist die Schrift gut lesbar dargestellt? Gut lesbar bedeutet, dass der Druck vollständig ist und satte Farben ohne Unterbrechungen oder helle Stellen hat; dass die Buchstaben eine angenehme Größe haben und ohne Probleme gut lesbar sind.

Stehen alle wichtigen Angaben drauf?

- Ihr Firmenname mit Logo, wenn vorhanden
- Ihr persönlicher Name, Ihre Position im Unternehmen (Inhaberin, Gesellschafterin etc.)
- Adresse mit Straße, Hausnummer, Stadt und Postleitzahl
- E-Mail Adresse
- Telefonnummer, zusätzlich eventuell Handynummer
- Website
- evtl. Faxnummer

Bestenfalls haben Sie auch ein gutes Foto von sich auf der Visitenkarte. Dann gehören Sie zu den ganz wenigen Unternehmerinnen, die sich sehr viel leichter beim Gegenüber einprägen. Ich bin auf vielen Events unterwegs und habe die Erfahrung gemacht, dass von 100 Visitenkarten gerade einmal nur zwei dabei sind (!), die ein Foto drauf haben. Auch bekomme ich immer noch viele Visitenkarten, bei denen nur eine Seite bedruckt ist. Warum verschwendet jemand so viel Potential? Also nutzen Sie unbedingt beide Seiten dieses kleinen Kärtchens. Und nutzen Sie diese ohnehin schon kleine „Werbefläche" auch vollständig aus.

Schauen Sie genau, ob Ihr potentieller Kunde, anhand der Visitenkarte erkennt, was genau Ihr Business ist. Notfalls müssen Sie eben einen klareren Begriff für Ihre Tätigkeit finden. Ich bin immer wieder erstaunt, wie viele Visitenkarten es gibt, anhand derer ich nicht einmal ansatzweise erkennen kann, was genau der oder die Betreffende macht und welche Dienstleistung oder welches Produkt ich bei ihm oder ihr erhalte. Teilweise ist noch nicht einmal die Branche ersichtlich. Das macht es mir noch schwerer, mir die Person zu merken, geschweige denn, diese bei Bedarf zu beauftragen.

Wählen Sie für Ihre Visitenkarte auch ein gutes starkes Papier aus. Ich empfehle mindestens 250g/qm zu nehmen. Es gibt heutzutage eine riesige Papierauswahl. Gerippt, glänzend, matt, strukturiert, mit Folie, Leinenpapier, Recyclingpapier, mit Dispersionslack, mit UV-Lack, mit Relieflack und alle Farben sowieso. Schauen Sie, was am besten zu Ihnen und Ihrem Unternehmen passt und bestellen Sie nicht zu große Mengen. Gerade wenn Sie auch ein Foto auf Ihrer Visitenkarte haben, sollte es nicht älter als maximal 2 Jahre sein. Und ist das Foto halbwegs aktuell, vermittelt auch die Visitenkarte einen frischeren und aktuelleren Eindruck.

E-Mail-Signatur

Bevor ich zur E-Mail-Signatur komme, möchte ich ein kurzes Augenmerk auf die E-Mail-Adresse selbst legen. Wenn Sie Unternehmerin sind und eine eigene Firma haben (auch wenn Sie die Firma selbst sind), rate ich Ihnen dringend davon ab, eine @hotmail oder @web oder @gmx Adresse in Ihrem Business zu verwenden. Im privaten Bereich ist das absolut in Ordnung. Im Business wirkt das unprofessionell. Eine eigene Website gehört heute zur Mindeststandard-Ausstattung einer Firma. Und wenn Sie eine Website haben, so haben Sie auch eine E-Mail-Adresse, die zum Beispiel @IhrFirmenname heißen kann.
Die E-Mail Signatur ist erfahrungsgemäß eine ähnlich vernachlässigte Werbefläche, wie die Visitenkarte. Es gibt sogar immer noch Firmen, die gar keine Signatur haben.

Ich empfehle auch hier, die Daten, die auf der Visitenkarte stehen, in der E-Mail-Signatur unterzubringen. Zusätzlich kann hier auch ein rechtlicher Datenschutzhinweis stehen.

Auch ein gutes Foto kann hier – ähnlich wie auf der Visitenkarte – förderlich wirken. Gerade bei E-Mails, bei denen Sie den Absender nicht kennen und ihm zum ersten Mal eine E-Mail schicken. Ein sympathisches Foto lässt den Empfänger wissen, mit wem er es zu tun hat – und Sie sind so nicht mehr die Unbekannte am anderen Ende, sondern eine Person „mit Gesicht".

In fast jedem E-Mail-Programm lassen sich individuelle Signaturen einbauen und Sie können zusätzlich bekannt machen, wo Sie überall anzutreffen sind: auf Facebook, XING, Instagram. Und geben Sie auch Ihren Skype-Namen dort an.

Gute Fotos

Gute Fotos sind ein sehr wichtiges Marketingmittel. Und gute Fotos sind in der Regel nicht mit dem Smartphone geknipst, sondern von einem Profi mit einer Profikamera, ordentlich ausgeleuchtet und professionell bearbeitet. Es soll schließlich Sie von Ihrer besten Seite zeigen. Damit meine ich nicht, dass das bearbeitete Foto hinterher Ihnen, dem Original, kaum mehr ähnlich sieht, weil die Haut um 20 Jahre verjüngt wurde und auch die Oberschenkel oder Oberarme um einige Zentimeter auffallend geschmälert wurden. Da ich selbst den Beruf der Fotografin gelernt habe, weiß ich, was heute mit diversen Programmen alles möglich ist. Doch für Sie ist es eher von Nachteil, wenn Sie mit Fotos von sich werben, die Ihnen im Original nicht entsprechen, als wenn Sie zu Ihren vermeintlichen Schwächen stehen. Denn genau das macht Sie sympathisch, einzigartig und menschlich. Bei Businessfotos empfehle ich meistens auch, eine Visagistin dazu zu ziehen. Und wieder ein Spruch, den ich irgendwo aufgeschnappt habe: „Mit geschminkten Lippen unterhält man sich lieber." Fakt ist, er stimmt. Nehmen Sie sich eine Visagistin und zeigen Sie sich für die Fotos optisch von Ihrer Schokoladenseite.
Wählen Sie auch mit Bedacht die Kleidung aus, die Sie auf den Fotos tragen. Bei Fotos für Visitenkarte und Onlineprofile ist meist ein Kopfporträt oder Brustbild ausreichend. Denn man soll bei diesen Porträtstilen Ihr Gesicht gut erkennen. Also reicht es bei diesen Fotos aus, „obenrum" gut auszusehen. Verschiedene Varianten von Halsausschnitten betonen entweder ein schmales Gesicht oder lassen es noch schmaler wirken. Hier kann Ihnen eine bereits oben erwähnte Stilberatung Sicherheit geben. Wenn Sie Ihren Farb- und Stiltyp einmal kennen, wissen Sie immer, welche Farben, Schnitte und Ausschnitte Ihnen gut stehen.

Ich persönlich finde Halstücher zwar grundsätzlich sehr schick, aber auf Fotos getragen sieht es fast immer aus, als ob die Abgelichtete beim Fotoshooting gerade Halsschmerzen hatte. Tragen Sie lieber eine schöne Kette, die zu Ihnen und Ihrem Typ passt und achten Sie darauf, dass Ihr Gesicht schön präsentiert ist.

Bei Brillenträgern muss die Fotografin/der Fotograf darauf achten, dass sich nicht die Blitzanlage in der Brille widerspiegelt. Das ist oft ein Problem bei nicht entspiegelten Brillen. Jeder gute Fotograf achtet in der Regel darauf bzw. ist in der Lage dies hinterher zu bearbeiten. Bitte gehen Sie nur mit frisch gewaschenen oder frisch frisierten Haaren zum Fotoshooting. Man sieht es nämlich auf den Bildern, wenn die Haare vernachlässigt wurden.
Sofern Sie eine gute Stylistin haben, hat diese meist Trockenshampoo dabei und kann damit noch einiges zaubern.

Und bitte lächeln Sie ein offenes Lächeln in die Kamera! Es sei denn, Sie haben schlechte Frontzähne und können diese nicht zeigen. Allerdings sollten Sie dann grundsätzlich zu einem guten Zahnarzt gehen und gemeinsam mit ihm eine gute Lösung finden. Denn im Business sind schlechte Zähne gleichzeitig eine schlechte Visitenkarte. Das war vor 30 Jahren vielleicht noch nicht so, aber heutzutage sind auch schöne Zähne ein Statussymbol und ein Merkmal für Aufmerksamkeit für den eigenen Körper und Pflege.

Mit einem offenen Lächeln wirken Sie einfach viel entspannter, fröhlicher und anziehender. Auf einem Foto und auch im echten Leben. Sofern Ihnen das offene Lachen also nicht völlig unangebracht vorkommt und Sie sich damit komplett unwohl fühlen – lachen und strahlen Sie in die Kamera! Haben Sie Spaß dabei! Das hilft sowieso immer im Leben.

Auf Fotos, bei denen der Ausschnitt etwa dem eines Passbilds entspricht, sollten Sie unbedingt Kleidung tragen, die die Schultern bedeckt. Auch wenn das Shooting im Hochsommer bei 35 Grad im Schatten stattfindet, bitte keine Oberteile mit Spaghettiträgern anziehen oder gänzlich schulterfrei auftreten. Bei Ganzkörperaufnahmen oder Kniebildern ist das weniger ein Problem, aber wenn nur der kleine Ausschnitt zu sehen ist und die Schultern sind nackt, dann sieht es aus, als ob Sie auch sonst nichts anhaben.

Bitte veröffentlichen Sie auf Ihrem Unternehmensprofil in den sozialen Netzwerken kein Profilfoto mit Sonnenbrille. Ihre potentiellen Kunden und Geschäftspartner möchten Ihnen in die Augen sehen können, um zu sehen, mit wem sie es zu tun haben. Das möchten Sie doch im umgekehrten Fall auch.

Und sollten Sie aufgrund von Zeitmangel oder aus anderen Gründen doch erstmal ein eigenes Foto aus dem Privatfundus nehmen wollen, dann achten Sie bitte auf folgende Punkte:

- Ist das Foto gut belichtet und nicht zu hell oder zu dunkel?
- Sind Sie gut darauf zu erkennen?
- Ist das Foto scharf? Ist der Hintergrund ruhig und hat keine störenden Elemente? Sind Sie allein auf dem Foto und keine weiteren Personen darauf? (auch keine erkennbar abgeschnittenen)
- Ist Ihr Gesicht zu erkennen, das heißt sind von vorn zu sehen?

Beispiele gute Fotos

Beispiele schlechte Fotos

Ich empfehle, etwa alle zwei bis drei Jahre professionelle Fotos machen zu lassen, um sich stets in aktuellen Bildern zu präsentieren. Der Vorteil, wenn Sie zum Fotografen gehen ist auch, dass Sie meist mehrere Bilder von einem Shooting bekommen und so zwischendurch Ihr Profilbild wechseln können. Auch so erregen Sie Aufmerksamkeit und machen sich wieder interessant. Und Sie schöpfen aus dem Vollen, wenn Sie schöne Bilder haben: nicht nur online, sondern auch offline, wenn Sie z.B. neue Flyer drucken oder Ihr neues Produkt, Ihre neue Dienstleistung bewerben.

Online Auftritt in den Social Media: Facebook, XING & Co.

Wie präsentieren Sie sich bisher in den sozialen Netzwerken? Ich gehe davon aus, dass Sie – zumindest auf einigen Plattformen – vertreten sind, denn das gehört in der heutigen Zeit im Geschäftsleben einfach dazu. Sie müssen nicht auf allen Portalen vertreten sein. Ich bin eine Freundin davon, lieber in einigen wenigen vertreten zu sein, aber dort dann richtig aktiv, als in allen zwar angemeldet zu sein, aber mehr als Profilleiche vor sich hin zu dämmern, als aktiv mitzumachen. Ich selbst bin bei Facebook und XING sehr aktiv und das ist für mich und meine Ziele völlig ausreichend.

Zu einem professionellen Profil gehört, dass Sie ein wirklich gutes Porträtfoto hochgeladen haben. Ich sehe immer noch sehr viele Profilfotos, auf denen Unternehmerinnen statt ihrem Porträt ein Katzenfoto zeigen. Oder auf denen sie selbst nur von hinten zu sehen sind. Oder am Strand mit zerzausten Haaren und riesengroßer Sonnenbrille. In einem privaten Profil kann und soll sich jeder präsentieren, wie er/sie möchte, aber bei einem Businessprofil ist das ein absolutes No-Go. In der Welt des World Wide Web haben Sie keinen Überblick mehr darüber, wer Ihr Profil sieht und wer davon potentielle Kunden oder nur stille Mitleser sind. Sie können noch so sehr Profi und Expertin auf Ihrem Terrain sein, wenn Sie sich auf den Plattformen unprofessionell darstellen, wird das automatisch auf Ihr Business zurückfallen. Holen Sie also Ihr professionell erstelltes Fotos von der Visitenkarte hervor und laden Sie es als Ihr Profilbild hoch. Verwenden Sie bitte auch Ihren richtigen Namen und nicht „Mausemietz78", „Lara Croft" oder etwas in der Art. Es ist unseriös. Überlegen Sie auch ganz genau, was Sie ins Netzwerk „posten", also hochladen – und welche Kommentare Sie bei anderen Postings veröffentlichen. Ein vermeintlich lustiges Familienfoto am Strand mit Pommes und Ketchup-Flecken auf dem Badeanzug oder ein leerer Teller mit Essensresten wirkt alles andere als anziehend.

Ein absolutes No-Go ist auch, über andere Menschen öffentlich herzuziehen oder Gerüchte zu streuen. Das zeugt von ganz schlechten Manieren. Ich rate Ihnen unbedingt, auch wenn Sie noch so sauer sind, dies niemals in der Öffentlichkeit zu zelebrieren. Auch wenn bereits ein anderer begonnen hat, sich negativ über jemanden öffentlich zu äußern, halten Sie sich zurück und klären Sie Missstimmungen mit demjenigen direkt im realen Leben. Auch hier gilt: Sie wissen nie, wer Ihre Kommentare mitliest und sich so ein völlig falsches Bild von Ihnen machen könnte.

Überlegen Sie sich, welchen Mehrwert Sie für Ihre Leser schaffen können. Sind Sie gerade auf einer tollen Veranstaltung und wollen Sie anderen davon berichten? Dann machen Sie ein paar gute Fotos und schreiben Sie dazu, wo Sie gerade sind. Vielleicht sucht der eine oder andere gerade eine tolle Location und Sie bringen mit Ihrem Posting die Lösung. Oder haben Sie einen Kundenauftrag fertig gestellt? Wenn möglich, wenn also der Kunde nichts dagegen hat, so posten Sie auch mal ein tolles Ergebnis. Aber Vorsicht! Dies nur ab und zu. Wenn Sie ausschließlich ihr Profil für Ihre Produktwerbung nutzen und bei jedem Posting schreiben, wie außerordentlich toll Sie sind und was Sie gerade wieder für eine Superleistung erbracht haben, dann wirkt das schnell abstoßend und langweilig. Das Zauberwort ist hier „Mehrwert" und „Authentizität". Also geben Sie den anderen Usern Infos, die ihnen weiterhelfen und bleiben Sie dabei Sie selbst. Posten Sie in regelmäßigen Abständen. So bleiben Sie präsent und geraten nicht in Vergessenheit. Genauso regelmäßig wie Sie posten, sollten Sie auch die anderen Postings Ihrer Freunde liken, teilen bzw. kommentieren. Auch in den Social Media kommt das Geben vor dem Nehmen – und wenn Sie Fans und Likes haben möchten, müssen Sie zu allererst GEBEN.

Sie können sich innerhalb der Plattformen auch in einzelnen Gruppen anmelden und dort die anderen von Ihrem Fachwissen profitieren lassen. So zeigen Sie, dass Sie eine Expertin sind und etwas von Ihrem Fach verstehen. Es gibt Gruppen zu allen möglichen und unmöglichen Themen. Suchen Sie sich aus, was Ihnen gefällt und wo Sie gern mitwirken möchten und werden Sie dann aktiv.

Wenn Sie Nachrichten von anderen Usern bekommen, dann antworten Sie in angemessener Zeit, also möglichst innerhalb von 3 Tagen. In der heutigen Zeit ist es keine technische Herausforderung mehr, von jedem Ort der Welt aus Nachrichten zu beantworten. Und wenn Sie Urlaub haben und sich dabei Internetabstinenz verordnet haben, dann finden Sie einen Vertreter, der in dieser Zeit die Beantwortung der Nachrichten übernimmt. Wenn das nicht geht, weil z.B. Fachwissen erforderlich ist, dann richten Sie zumindest eine Antwortautomatik ein, so dass der Nachrichtensender automatisch eine E-Mail bekommt mit der Info, dass Sie derzeit nicht direkt auf die Frage eingehen können, sich aber schnellstmöglich innerhalb der nächsten 2 Wochen persönlich melden werden.

Ich habe noch niemanden getroffen, der kein Verständnis für Urlaub und Auszeiten hat. Ich habe aber schon viele getroffen, die frustriert und sauer waren, wenn sie über eine Woche ohne die geringste Rückmeldung im Regen stehen gelassen wurden.

Kontakte pflegen

Sie haben im Laufe der Zeit viele wunderbare Menschen kennengelernt und neue Kontakte geknüpft – nun wollen diese auch verwaltet und gepflegt werden. Sie können sich dazu entweder eine Excel-Tabelle anlegen und alle Kontakte alphabetisch eintragen. Selbstverständlich nicht alle auf einmal, sondern möglichst einmal pro Woche oder nach jedem Event. Inzwischen gibt es für die Kontaktverwaltung auch verschiedene Programme, aber die gute alte Excel-Tabelle tut's auch. Schreiben Sie bitte gleich alle Daten und Fakten dort hinein. Ich meine damit nicht nur Telefonnummer, Mailadresse etc. sondern möglichst auch das, wofür sich der/diejenige interessiert, wie Sie ihm helfen können oder geholfen haben oder wohin er/sie Kontakte und Verbindungen hat. Oder was er/sie erzählt hat – beispielsweise darüber, dass die Tochter in den USA studiert oder dass er/sie seit kurzem vegetarisch isst. Sie werden punkten, wenn Sie das beim nächsten Treffen erwähnen oder nachfragen – Ihr Gegenüber wird staunen, woran Sie sich noch erinnern und welchen Eindruck er/sie offenbar hinterlassen hat.
Im Zeitalter von XING und Facebook ist es heute meist auch keine Schwierigkeit mehr, besondere Daten wie Geburtstag etc. eines Menschen herauszufinden. Sofern Sie davon Kenntnis haben, nutzen Sie die Gelegenheit sich wieder in Erinnerung zu bringen und gratulieren Sie zum Jubiläum. Egal, ob Firmenjubiläum, Hochzeitstag, Geburt oder jedweder andere Anlass. Nutzen Sie diesen Anlass!

Mit Namen-Merken punkten

Begrüßen Sie Ihre Kontakte möglichst mit dem Namen. Dafür sollten Sie sich alle Mühe geben, schon beim ersten Kennenlernen den Namen gut zu verstehen – notfalls nochmals nachzufragen – und sich möglichst zu merken. Wenn Sie sich beim Hören des Namens

vorstellen, wie er in Buchstaben geschrieben aussieht, dann können Sie sich den Namen noch besser merken. Schreiben Sie sich den Namen in einem ruhigen Moment, wenn Sie alleine sind, auf einen Zettel auf. So kann ihn sich das Gehirn noch einfacher merken, da jetzt eine optische Komponente hinzukommt.
Leider ist es meistens so, dass uns jemand vorgestellt wird, und dann unterhält man sich ein wenig – doch spätestens kurz nach dem Verabschieden haben wir den Namen schon wieder vergessen. Wie schade, denn dabei ist doch der eigene Name etwas ganz wunderbares. Er gehört allein und ausschließlich demjenigen Menschen, mit dem Sie sich gerade unterhalten. Und denken Sie einmal dran, wie schön es ist, wenn Sie selbst mit Ihrem Namen angesprochen werden. Es lohnt sich also, sich aufs Namen-Merken zu konzentrieren.

Sie hinterlassen einen ganz besonders positiven Eindruck, wenn Sie sich den Namen eines Menschen merken, der schwierig auszusprechen ist. Diese Menschen sind es schon gewohnt, dass die meisten es vermeiden, ihren Namen vollständig und richtig auszusprechen. Umso überraschter sind sie dann, wenn jemand wie Sie kommt und den Namen mit Respekt und Korrektheit ausspricht. Allein damit haben Sie sich bei Ihrem Gegenüber im Gedächtnis verankert und gepunktet. Das gleiche gilt für lange Vornamen. Die meisten Menschen sind es gewohnt nur noch in der Abkürzung des eigenen Namens angesprochen zu werden (Maggie statt Magdalena). Wenn Sie sich von anderen abheben wollen, dann sprechen Sie den vollständigen Namen aus, sei er noch so kompliziert und außergewöhnlich.

IM INTERVIEW: HANNES CHRISTEN, UNTERNEHMER

Seit wann netzwerkst du?

Seit 2013 erfolgreiches und provisionsreiches Netzwerken durch Zusammenarbeit mit einer Immobilienkanzlei. Mittlerweile aktive Zusammenarbeit mit über 20 Firmen/ Unternehmern.

Wie sprichst du die Menschen an?

Über Facebook und andere Medien. Menschen kennenlernen geschieht durch sympathisches Anschreiben von Leuten, die von mir als wichtig eingestuft werden. Wenn ein intensives Gespräch ansteht, dann persönlich verabreden.

Welche Vorteile siehst du im Netzwerken?

Die konkreten Vorteile sind ganz klar: umso sympathischer und authentischer man selber ist, umso mehr Einladungen zu Veranstaltungen, Firmenfeiern und Büroeröffnungen erhält man. Daraus ergeben sich erlebnisreiche Abende zum neue Leute kennenlernen und Spaß haben. Daraus ergibt sich auch eine Vergrößerung des unternehmerischen Freundeskreises und eine Etablierung/ Festigung der eigenen Marke.

Was war dein bisher größter Netzwerkerfolg?

Der aktuell größte Netzwerkerfolg ist die Zusammenarbeit mit dem Immobilienmakler Christoph Eberle. Wir haben uns kennengelernt vor 6 Jahren auf einer Veranstaltung bei Freunden, der Kontakt hält bis heute. Vor einem Jahr haben wir uns über die beiden Geschäftsmodelle ausgetauscht und bemerkt, dass wir beide Spezialisten sind (Krankenversicherung und kapitalbildende Immobilien). Durch viele Nachfragen meiner Klienten zum Thema Beitragsstabilität konnte ich die Verbindung zu ihm herstellen –

und die Mandanten sind und waren begeistert von der Beratung und der Vorstellung passender Projekte. Eine aktuelle Referenz: 6 Notartermine innerhalb von zwei Monaten. Ich habe zufriedene Kunden, die mich weiterempfehlen, und Aufwandsvergütungen von mehreren Tausend Euro.

Was sind die häufigsten Fehler beim Netzwerken?

Die meisten Menschen bewerben mehr ihr Produkt oder ihre Dienstleistung, anstatt sich selber. Dabei ist „Self Branding" das Wichtigste. Viele wollen Empfehlungen von Anfang an erhalten, anstatt erst einmal Empfehlungen zu geben, um dann auch welche zu bekommen. Manche trauen sich nicht mal alleine auf Veranstaltungen, um neue Leute kennenzulernen. Gespräche führen sie meist mit Ihnen bekannten Unternehmern.

Auf was sollte man achten?

Keine Rundmails schreiben, sie sind zu unpersönlich und haben somit schlechte Erfolgsaussichten! Jeder mag gebauchpinselt werden in Form von „Ich schreib dir, weil ich an dich gedacht habe."

Nicht aufgeben! Kontakte kennenlernen und zu pflegen kostet Zeit!!

Spezialisierung! Normalerweise gibt es viele Unternehmer, die auch das machen, was du machst. Daher muss man sich mit Spezialisierung rarer machen. Damit hat man auch eine bessere Auffindbarkeit im Internet.

Was sind deine Erfolgstipps für erfolgreiches Netzwerken?

Authentizität!
Wiedererkennungseffekte!
Fröhlich sein – und das auch zeigen!
Dem anderen mehr Gesprächsanteil einräumen als sich selbst!

Bei jeder Veranstaltung mit 1-3 Leuten effektiv reden und sich denen widmen. Mit keinem reden bringt niemanden etwas, und mit zu vielen zu reden, auch nicht, denn da kann man kein Vertrauensverhältnis aufbauen. Verkauf und Beratung ist Emotionsgeschäft und basiert auf Vertrauen.

Empfiehlst du eher, nur online zu netzwerken oder offline oder beides?

Ich lerne Leute online schnell, bequem und nach meinem Belieben kennen. Die mir sympathischen und nützlichen Kontakte treffe ich zum persönlichen Gespräch beim Kaffee. Da ich auch deutschlandweit aktiv bin, ist ein Telefonat auch sehr empfehlenswert oder ein Skype Video Call.

***Hannes Christen** ist weit 2009 selbständiger Versicherungsmakler mit Spezialisierung auf Krankenversicherung. Seit 2016 ist er Geschäftsführer der Kontaktionäre GmbH & Co KG, einem Unternehmensnetzwerk. Er hat 5000 Facebook Kontakte und 500 Abonnenten.*

***Seine Philosophie:** jeder Unternehmer braucht ein Spezialthema! Und nur dieses kann erfolgsorientiert empfohlen werden!*

SELBSTTEST: WELCHER NETZWERKTYP SIND SIE?

1. Frage: Wie viel Networking-Veranstaltungen besuchen Sie durchschnittlich jeden Monat?

- Puh, ich habe irgendwann aufgehört zu zählen. (**3 P.**)
- Och, so ein bis zwei werden es wohl sein. (**1 P.**)
- Moment, jeden Monat?! Das ist mir viel zu stressig. Ich nehme nur an großen Events einmal jährlich Teil. (**2 P.**)

2. Frage: Wie lange bleiben Sie auf Stammtischen, Tagungen und ähnlichen Events?

- Ich schaue kurz vorbei, gehe dann aber relativ schnell wieder. (**1 P.**)
- Ich gehöre eigentlich immer zu den letzten, die gehen. Man trifft einfach so viele Leute und hat so viel zu erzählen. (**3 P.**)
- Das kommt ganz darauf an, wie viele Menschen mich ansprechen. (**2 P.**)

3. Frage: Wie knüpfen Sie neue Kontakte?

- Freunde und Bekannte stellen mir diese vor. (**2 P.**)
- Ich warte ab, bis ich angesprochen werde. (**1 P.**)
- Ich gehe auf neue Menschen zu, stelle mich vor und komme ins Gespräch. (**3 P.**)

4. Frage: Mit wem gehen Sie Essen oder einen Kaffee trinken in der Mittagspause?

- Das wechselt, mal mit den Kollegen aus der Buchhaltung, mal mit einem Kunden und mit meinem Büronachbarn. (**3 P.**)
- Wer gerade Zeit und Lust hat. (**2 P.**)
- Ich gehe immer mit den Kollegen, die in meinem Büro sitzen, essen. Wir verstehen uns sehr gut. (**1 P.**)

5. Frage: Sie sitzen mit den Kollegen beim Mittagstisch und diese unterhalten sich über das Wochenende. Wie nehmen Sie am Gespräch teil?

- Ich höre größtenteils zu. **(1 P.)**
- Ich erzähle von meinen Plänen, tausche mich mit den Kollegen über die besten Ziele für Kurztrips aus und gebe Empfehlungen. **(3 P.)**
- Das kommt auf meine Laune an. Mal diskutiere ich mit, mal bin ich genervt. **(2 P.)**

6. Frage: Welche Kontakte sind in Ihrem beruflichen Netzwerk?

- Eigentlich alle, mit denen ich so zu tun habe. **(2 P.)**
- Kollegen, mit denen ich mal zusammengearbeitet habe. **(1 P.)**
- Ich suche mir meine Kontakte gezielt aus. **(3 P.)**

7. Frage: Wie verbringen Sie Ihren Freitagabend?

- Am liebsten gehe ich aus, entweder zu einer Party, Essen mit Freunden und Bekannten. Irgendetwas ist immer. **(3 P.)**
- Gemütlich auf der Couch mit einem guten Buch oder Spielfilm. **(1 P.)**
- Meistens ruft einer von meinen Freunden oder Bekannten an und wir unternehmen etwas. Gerne auch ein Feierabendbier mit den Kollegen. **(2 P.)**

8. Frage: Sie haben sich auf einem Networking Event gut mit jemandem verstanden. Was passiert danach?

- Ich hoffe, die Person meldet sich bei mir. Wir haben die Kontaktinformationen ausgetauscht. **(1 P.)**
- Einige Tage später melde ich mich bei der Person und vereinbare ein weiteres Treffen. **(3 P.)**
- Ich muss zugeben, oft vergesse ich mich zu melden. **(2 P.)**

9. Frage: Sie lernen jemand neues kennen. Wie stellen Sie sich vor?

- Ich nenne meinen Namen und lächle schüchtern. (**1 P.**)
- Ich lächle, stelle Augenkontakt her, stelle mich vor und erfrage Details zu meinem Gegenüber. (**3 P.**)
- Ich grinse, sage kurz „Hi" und bin auch schon wieder weg. In der anderen Ecke habe ich einen Bekannten gesichtet. (**2 P.**)

10. Frage: Wie gehen Sie mit beruflichen Erfolgen um?

- Ich leiste gute Arbeit und will auch, dass meine Kollegen und mein Chef das wissen. Fortschritte und Erfolge teile ich gerne. (**3 P.**)
- Es ist mir peinlich, über Erfolge zu sprechen. Es heißt doch Eigenlob stinkt. (**1 P.**)
- Meine Leistungen sprechen für sich oder? (**2 P.**)

Auswertung

<u>**Welcher Networking-Typ sind Sie? (10-16 Punkte)**</u>

Sie sind der schüchterne Networker
Auf andere Menschen zuzugehen, fällt Ihnen nicht leicht. Sie fürchten sich davor, etwas falsch zu machen. Mit Ihren Erfolgen wollen Sie **nicht hausieren gehen** und behalten diese lieber für sich. Am wohlsten fühlen Sie sich bei Kollegen, die Sie kennen und die Ihre Arbeit schätzen.
Beim Networken steht Ihnen Ihre **schüchterne Art** im Weg. Sie hält Sie davon ab, selbstbewusst neue Kontakte zu knüpfen. Denken Sie daran, dass selbst die besten Leistungen verpuffen, wenn sie unbemerkt bleiben. Halten Sie sich Ihre Stärken vor Augen, das hilft Ihnen dabei, präsenter aufzutreten.

Welcher Networking-Typ sind Sie? (17- 23 Punkte)

Sie sind der passive Networker
Networking wird in Ihren Augen überbewertet. Ist doch alles gar nicht so schwer. Man spricht einfach mit den Menschen. Sie verwenden **nicht viel Zeit und Energie fürs Networking**. Doch damit vergeben Sie auch Chancen. Werden Sie aktiv und gestalten Sie bewusst Ihr berufliches Netzwerk. Nehmen Sie sich mehr Zeit, um diese Kontakte auch zu pflegen.

Welcher Networking-Typ sind Sie? (24-30 Punkte)

Sie sind der Power-Networker
Unter Menschen fühlen Sie sich wohl. Sie gehen gerne auf Networking Events, sind Mitglied bei zahlreichen Vereinen, Stammtischen und Organisationen. Sie haben bereits **ein funktionierendes Netzwerk** aufgebaut. Für Sie geht es nun vor allem darum, bestehende Kontakte zu pflegen. Vergessen Sie auf Ihrem Weg niemals die Menschen, die Ihnen geholfen und Sie gefördert haben.

(Quelle: Karrierebibel.de; Autor: Nils Warkentin)

NO-GOS BEIM NETZWERKEN

Um Netzwerken langfristig erfolgreich zu betreiben, sollten Sie einige Punkte beachten, die Sie besser unbedingt unterlassen. Sie können noch so eine tolle Ausstrahlung, unwiderstehlichen Charme und gute Laune haben. Wenn Sie sich wie ein Elefant im Porzellanladen benehmen, wird das nichts mit dem Netzwerken.

Online No-Gos

Eigenwerbung posten: Wenn Sie jemanden in Facebook eine Kontaktanfrage gestellt haben und der andere diese bestätigt, dann posten Sie bitte nicht sofort in seine Chronik, dass Sie sich für die Bestätigung bedanken und weisen gleich auf Ihre Dienstleistungen und Produkte hin. Das ist aufdringlich. Generell ist Werbung gerade in Social Media nur bedingt gern gesehen. Die meisten sind von so einer ungeschickten Eigenwerbung genervt. Etwas anderes sind die gesponserten Anzeigen, da sehen die User ja, dass das eine Werbeanzeige ist. Aber niemand möchte sich die eigene Timeline mit der Werbung anderer „zumüllen". Bedanken Sie sich also gern per persönlicher Nachricht (PN) und interessieren Sie sich für den anderen. Aber Achtung, auch bei der PN bitte auf Werbung verzichten! Unter Werbung verstehe ich hier auch die Aufforderung zum Liken diverser Seiten. Sehr gut übertragbar ist das auch auf XING. Dort kann man zwar keine Seiten liken, aber die vermeintlichen Schlaufüchse senden dann Werbenachrichten von ihren Produkten und Dienstleistungen. Das will niemand!

Auch in einem Blogkommentar sollten Sie auf eigene Werbung verzichten. Netzwerken ist ein Marathon, kein Sprint. Netzwerken ist langfristig! Wenn Sie langfristig qualifizierte Kommentare auf Blogartikel geben, wird man zwangsläufig auf Sie als Expertin aufmerksam. Dann interessieren sich die anderen aus eigenen Stücken für Sie und Ihr Angebot. Dies ist eine viel bessere Ausgangsbasis für eine tolle Business-Beziehung als das Zu-Spammen (das „Zumüllen") mit Werbung. Es entsteht dann nur der Eindruck, dass Sie es anscheinend sehr nötig haben und Ihr Business wohl so gar nicht läuft. Dazu gehört auch das Posten von Ihren Websites und Profilen.

Geburtstagswünsche über Social Media sind nett, aber nur, wenn diese wirklich ernst gemeint sind. Wenn Sie im ersten Satz gratulieren und im zweiten Satz Ihr neuestes Angebot bewerben, dann kommt das einfach nicht gut an. Auch wenn Sie es besonders nett meinen und dem Jubilar noch einen Geburtstagsrabatt einräumen – lassen Sie es bleiben. So etwas wollen auch Sie nicht bei sich sehen.

Gegenleistung einfordern: Bei einigen Zeitgenossen hat es sich eingebürgert, dass sie wahllos Seiten liken und dann als Gegenleistung einfordern, dass man selbst ihre Seite mit einem Like bedenkt. Auch das ist einfach nur unhöflich. Stellen Sie sich vor, Sie haben eine Bäckerei, ein Kunde kommt zu Ihnen und kauft ein Stück Kuchen. Sie nehmen das Geld entgegen, geben ihm hübsch verpackt seinen Kuchen und wollen ihm schon einen weiteren schönen Tag wünschen, da sagt er plötzlich, dass er Vertreter im Kraftfahrzeughandel ist und auch ein paar wunderbare, einmalige Motoröle, Getriebeöle und Zahnradöle dabei hat. Da er ja gerade bei Ihnen ein Stück Kuchen gekauft hat, wäre es doch mehr als angebracht, wenn Sie jetzt auch ein hübsches Motoröl bei ihm kaufen. Das wär doch mal eine „nette Geste", oder? Dasselbe gilt übrigens auch für Blogkommentare. Ich habe Zeitgenossen kennengelernt, die auf meinem Blog einen Kommentar hinterlassen haben und mich dann gebeten haben, dass ich doch jetzt bitte auch einen Kommentar auf ihrem Blog hinterlassen möge - über die Züchtung von Heuschrecken als Schlangenfutter.

Destruktive Antworten geben: Social Media ist auch dafür da, Meinungen und Unterstützung anderer einzuholen - und so ist es völlig legitim, dass Sie mal eine Frage in den Raum stellen, bei denen gute Antworten eine große Hilfe sind. Nehmen wir einmal an, Sie haben einen Geburtstag in Ihrer Familie zu organisieren und benötigen eine Empfehlung für eine gute Location im Umkreis von 10 km um Ihren Wohnort. Sie ergänzen noch, dass die Location unbedingt einen Spielplatz mit Wiese für die Kinder am Haus haben sollte, außerdem 10 Zimmer zum Übernachten inkl. Frühstück, möglichst abseits großer Hauptverkehrsstraßen und natürlich eine gute Küche. Sie posten die Frage, sind schon ganz gespannt und hoffen auf möglichst viele Empfehlungen. Bereits nach kurzer Zeit erhalten Sie die Mitteilung, dass jemand auf Ihre Frage geantwortet hat. Neugierig und voller Erwartung öffnen Sie Ihren Account. Die erste Antwort lautet: „Ich kenne keine." Nach einiger Zeit die nächste Antwort: „Ich kannte mal eine, aber die hat inzwischen geschlossen." Nun, solche Antworten braucht kein Mensch. Sie helfen Ihnen als Ratsuchender kein bisschen weiter, im Gegenteil: sie demotivieren Sie, denn Sie hatten sich gute Antworten erhofft und werden nun enttäuscht. Also schreiben auch Sie nur das als Antwort, was den anderen wirklich weiter bringt.

Ungefragtes Hinzufügen in Gruppen: Sehr unhöflich - und von den meisten Social Media Aktiven sehr gehasst - ist das ungefragte Hinzufügen zu Gruppen, also wenn Sie einen Kontakt einfach zu einer Social-Media-Gruppe hinzufügen, ohne dass dieser von seinem zweifelhaften Glück weiß oder vorab gefragt wurde. Im wahren Leben überfallen Sie doch auch niemanden und schleppen ihn ungefragt zur nächsten Selbsthilfegruppe bei Depressionen oder zum Freundeskreis des örtlichen Gesangsvereins. Der Respekt vor Ihnen würde verloren gehen – und so ist es auch bei einem virtuellen Übergriff durch ungefragtes Hinzufügen. Sie werden kaum Chancen haben, mit diesem Kontakt noch eine gute Beziehung aufzubauen, geschweige denn je mit ihm zu netzwerken.

Dauerbeschuss mit Veranstaltungshinweisen: Ähnlich ist es bei XING: dort posten manche Mitglieder sogar mehrmals täglich ihre Veranstaltungen, Seminare und Webinare. Auch das ist einfach nur nervig für die Social Media Gemeinde. Und auch wenn es eine Regel geben mag, dass Menschen bis zu sieben Mal den Kontakt mit einem Angebot oder einer Sache brauchen, ehe sie bewusst davon Kenntnis nehmen, so gilt bei Social Media: weniger ist manchmal mehr.

Offline No-Gos

Selbstdarstellung bei Vorstellungsrunden: Bei den meisten Netzwerkveranstaltungen haben Sie eine Vorstellungsrunde mit einer begrenzten Zeit. In der Regel sind das 60 Sekunden, bei Events mit wenigen Personen bis zu 3 Minuten. Leider gibt es immer wieder Selbstdarsteller, die die Zeit gnadenlos überziehen und eine Lobeshymne nach der anderen über sich und ihr Produkt vortragen. Das ist nicht nur sehr nervig für die Zuhörer, sondern auch respektlos gegenüber dem Veranstalter, der meist einen Zeitplan einzuhalten hat. Es ist auch fehlender Respekt gegenüber den anderen Teilnehmern, weil diesen dann weniger Zeit zur Verfügung steht. Es spricht auch nicht gerade für den Vortragenden, wenn er es scheinbar nötig hat, sein Produkt länger als nötig vorzustellen. Warum auch immer, denken viele, dass sie bei den anderen Gästen besser ankommen, aber genau das Gegenteil ist der Fall. Wenn auf meinen Events jemand übertreibt, dann nutze ich entweder das Time Out Zeichen, um ihm so zu verstehen zu geben, dass es reicht. Bei ganz hartnäckigen Gästen unterbreche ich auch deren Vorstellung und leite elegant zur nächsten Rednerin in der Runde weiter.

Klatsch und Tratsch: „Schau mal, was sie wieder für ein neues Auto fährt. Na, da muss es ja gut gehen in der Firma. Aber den zuletzt eingestellten Mitarbeiter, den haben sie schon wieder rausgeschmissen." Ich kenne keinen einzigen Menschen, den dieses Getratsche je weiter gebracht hat. Wenn jemand ein neues Auto hat, na und. Freuen Sie sich mit ihm/ ihr. Und warum oder wie die Menschen zu dem Auto gekommen sein mögen, das ist uninteressant. Und was mit dem Mitarbeiter war, ist auch nicht wichtig. Wenn Sie nicht live dabei waren, ist alles nur Spekulation und Gerücht. Und mit Gerüchten und Lästereien halten sich nur Menschen auf, die nichts zu tun haben, Langeweile haben und ihr Leben nicht erfüllt verbringen. Die Rockband „Die Ärzte" hat dazu einen wunderbaren Song geschrieben: „Lasse reden". Dort geht es darum, dass die meisten Menschen ein monotones, langweiliges Leben führen und deshalb über andere reden. Es ist nicht einmal böse gemeint, aber es ist die einzige Abwechslung, die sie in ihrem Leben haben.

Doch Sie als Netzwerkerin haben ein interessantes Leben – und Klatsch und Tratsch nicht nötig.

„Schuld sind immer die anderen": Jeder ist für sich selbst verantwortlich. Jeder gesunde Mensch hat sich mit seinen Entscheidungen, dorthin gebracht, wo er jetzt ist. Dafür kann man niemand anderen verantwortlich machen oder ihm/ihr die Schuld geben. Leider ist aber genau das häufig der Fall. Da ist das Wetter daran schuld, dass die Umsätze zurückgehen. Da ist der Kunde daran schuld, dass die Gewinne immer kleiner werden. Der Mitbewerber ist daran schuld, dass die Mitarbeiter zu ihm wechseln. Der Partner ist daran schuld, dass man so schlecht gelaunt ist. Die Eltern sind schuld, dass man keine Freunde findet, weil die Kindheit so schlimm war. Es sind aber nicht die anderen. Das Klagen hat auf Netzwerkveranstaltungen nichts verloren. Jeder gesunde, erwachsene Mensch ist jederzeit in der Lage, sein Leben zu ändern. Zum Positiven und zum Negativen. Ich empfehle die Wendung hin zum Positiven, da gibt's einfach mehr Spaß.

Entscheidungen haben Folgen. Diese Folgen zu tragen, dafür fehlt vielen Menschen der Mut. Wenn Sie sich allerdings einmal dafür entschieden haben, Ihr Leben selbst in die Hand zu nehmen, hinter Ihren Entscheidungen stehen und offen für neues sind, dann werden auch Sie ein Leben haben, um das sie andere beneiden und über das getratscht wird. Freuen Sie sich drauf. Es gibt fast kein größeres Kompliment.

Nur über sich reden: In Gesprächen nur von sich selbst reden, ist ebenfalls ein No-Go. In früheren Kapiteln habe ich schon geschrieben, dass Netzwerken bedeutet, Beziehungen aufzubauen und sich für andere ehrlich zu interessieren. Wenn Sie nur von sich selbst reden, dem oder der anderen keine einzige Frage stellen, ihm am Ende Ihrer schwallenden Rede Ihre Visitenkarte in die Hand drücken und sich verabschieden, garantiere ich Ihnen, dass Ihre Visitenkarte im Papierkorb der Location landet und man zukünftig einen großen Bogen um Sie machen wird.

Nicht mit Print protzen: Mich persönlich nerven übergroße Flyer und Visitenkarten. „Think Big" ist ja an vielen Stellen im Business sehr richtig. Aber wenn ich von jemanden die Visitenkarte haben möchte und stattdessen ein halbes A4 Blatt bekomme, dann finde ich das nicht schön. Das riesige Teil passt weder in mein Portemonnaie, noch in die Visitenkartenbox, manchmal nicht einmal in den Kalender. Wozu das Ganze? Um aufzufallen, ja. Aber ich soll doch mit meinem Produkt bzw. meiner Dienstleistung überzeugen. Wenn mich der Mensch, von dem ich solch ein Monster von Karte bekomme, nicht mindestens wahnsinnig beeindruckt hat, dann fliegt die Karte bei mir sofort weg.

Sowohl bei Online-als auch bei Offline Netzwerken ist es unhöflich, immer nur zu nehmen und nie zu geben. Die anderen Menschen merken schnell, wenn jemand nur „abgrast" um dann zu verschwinden. Sie schaden sich damit nur selbst. Sie haben bestenfalls kurzfristig Erfolg, langfristig können Sie sich irgendwann nirgends mehr blicken lassen und werden nicht mehr eingeladen.

NETZWERKEN UND DIE KARMISCHEN PRINZIPIEN

Karma bedeutet, dass jede Handlung, egal ob geistig oder körperlich Folgen hat. Wenn Sie jemandem etwas Gutes tun, dann kommt dies zu Ihnen zurück. Allerdings nicht auf dem direkten Weg, sondern oft über Umwege, Monate oder Jahre später und nicht über die Person, der Sie einst Gutes getan haben mögen, sondern fast immer über andere Menschen. Genauso funktioniert das allerdings auch mit negativen Handlungen. Manche kennen das Prinzip auch als Gesetz von Ursache und Wirkung. Das was ich aussende, ziehe ich an, im Positiven wie im Negativen. Beim Netzwerken können Sie dieses Prinzip ganz wunderbar umsetzen. Gehen Sie auf Events und schauen Sie, wo Sie andere Menschen unterstützen können. In Gesprächen ergeben sich meist die unterschiedlichsten Chancen, wie Sie jemanden helfen können. Stellen Sie sich vor, Ihre neue Kontaktperson berichtet Ihnen von ihrer langjährigen Suche nach einem guten Zahnarzt. Nach mehreren Fehlgriffen und vielen Schmerzen, hat sie nun zwar einen gefunden, aber wirklich glücklich ist sie damit nicht. Doch ist von all den Ärzten, die sie aufgesucht hat, der aktuelle noch das „kleinste Übel" für sie. Sie kennen zufällig einen ganz wunderbaren Zahnarzt, empfehlen ihr diesen nun weiter und organisieren gleich einen Termin. Nach einiger Zeit ruft Sie Ihre neue Kontaktperson an und ist überglücklich, dass sie endlich einen ganz wunderbaren Zahnarzt hat – dank Ihrer Empfehlung.

Wenn Sie irgendwann in den nächsten Monaten oder Jahren ein Problem haben, wo Ihr neuer Kontakt der einzige Mensch ist, der Ihnen weiterhelfen kann, dann stehen die Chancen sehr gut, dass auch er Ihnen helfen wird. Oder Ihnen kommen ganz andere Menschen zu Hilfe, mit denen Sie nie gerechnet hätten. Das ist die Folge davon, dass Sie diesem Menschen geholfen haben.

Man kann es damit vergleichen, dass Sie möglichst viele gute Samen säen. Manche Samen gehen schnell auf und andere Samen gehen erst Jahre später auf. Die Natur macht es genauso. Kressesamen gehen bereits nach einigen Tagen auf und Sie können das Ergebnis bzw. die Folge Ihrer Handlung unmittelbar sehen. Säen Sie Apfelkerne, dauert es viele Jahre bis Sie Äpfel ernten können. Also säen Sie so viel wie möglich gute, positive Samen. Beim Netzwerken können Sie Empfehlungen aussprechen, Menschen miteinander vernetzen, anderen an Ihren Erfahrungen teilhaben lassen und sie dabei unterstützen erfolgreich zu werden.

Achten Sie dabei auch auf Ihre Gedanken! Wünschen Sie niemanden etwas Schlechtes, denn auch das kommt zu Ihnen zurück. Selbst wenn Sie jemand betrogen hat oder Sie sonstige Gründe haben, auf eine andere Person nicht gut zu sprechen zu sein. Wenn es für Sie besser ist, mit demjenigen nichts mehr zu tun zu haben, dann wünschen Sie ihm gedanklich alles Gute und streichen Sie ihn aus Ihren Gedanken. Lassen Sie die Sache dann wirklich ruhen. Das bedeutet, dass Sie sich auch nicht mehr darum kümmern, was der/diejenige tut, wie erfolgreich er/sie ist oder welchen Luxusurlaub er/sie sich gerade leistet. Wenn Sie den anderen noch ständig beobachten, bringt Sie das nur von Ihren eigenen Vorhaben ab, stiehlt Ihnen Zeit und raubt Ihnen vor allem ganz viel Energie. Sobald Sie nämlich anfangen, den anderen zu beobachten, beginnen Sie gleichzeitig damit, sich mit ihm zu vergleichen. Und da Sie sowieso nicht gut auf ihn zu sprechen sind, werden Sie sich auch nicht mit ihm freuen, dass er sich das neue Auto kaufen konnte oder er sich schon wieder Urlaub leistet. Übrigens der fünfte in diesem Jahr. Da können Sie es gleich ganz bleiben lassen, sich auf Ihr eigenes Leben und Business konzentrieren und viele gute Samen säen. Sie werden schnell merken, dass Sie das alles viel glücklicher und erfolgreicher macht.

FÜNF NETZWERK-GESCHICHTEN

Anja Gena ist Inhaberin der Firma Stadt-(Ver)führung und bietet in verschiedenen Städten Deutschlands Schnitzeljagden als Stadtführung an. Wie bei einer echten Schnitzeljagd bekommt der Kunde eine hübsche Schachtel mit Kärtchen darin. Darauf stehen markante Punkte einer Stadt, die der Kunde anlaufen und eine Frage dazu beantworten muss. Die Antwort auf die Frage, findet er an den jeweiligen Zwischenzielen, die ein Denkmal sein können, ein berühmter Baum in einem Park oder andere stadtgeschichtlich wichtige Teile. Die Antwort leitet den Kunden dann zum nächsten Objekt. Anja kam zum Lunch in meinen LADY BUSINESS CLUB und lernte dort die Verkaufsleiterin einer großen Hotelkette kennen. Die beiden waren sich sofort sympathisch und im Gespräch stellte Anja ihr Produkt, die Stadt-(Ver)führungen vor. Die Verkaufsleiterin war sofort begeistert und bot an, die Stadtführungen in allen ihrer Hotels zu verkaufen. Und so lief es dann auch. In mehreren großen Hotels werden inzwischen die beliebten Stadtspiele von Touristen gekauft und sowohl Anja als auch die Hotels sind sehr glücklich über die erfolgreiche Zusammenarbeit.

Rechtsanwältin **Katharina B.** arbeitet in einer Kanzlei mit mehreren Standorten in ganz Deutschland. Sie hatte bereits in Hamburg und Frankfurt gearbeitet, und als die Stelle in der Dresdner Kanzlei frei wurde, erklärte sie sich sofort bereit, die Stelle zu übernehmen, da sie schon längst wieder in die alte Heimat ziehen wollte. Doch als sie neu nach Dresden kam, kannte sie niemanden und wollte neue Menschen kennenlernen. Sie hörte von meinem LADY BUSINESS CLUB und meldete sich zum Lunch an. Sie lernte die Verkaufsleiterin eines Hotels kennen und war sehr glücklich darüber, weil sie in der neuen Kanzlei schon lange eine Veranstaltung für ihre Mandanten durchführen wollte. Sie rechnete mit ca. 150 Personen, die natürlich nicht alle in die Kanzlei passten. Also war sie auf der Suche nach geeigneten Räumlichkeiten. Zufällig veranstaltete das Hotel kurze Zeit nach dem Lunch ein Sommerfest, zu dem die Verkaufsleiterin Katharina B. einlud, damit diese bei der Gelegenheit das Haus und die Räumlichkeiten kennenlernen konnte. Katharina war begeistert und bat noch am gleichen Tag um ein Angebot. Am Abend fand noch eine Tombola statt, bei der es mehrere Preise, u.a. verschiedene Wochenendangebote mit Übernachtung zu gewinnen gab. Zu Katharinas größter Freude gewann sie ein Wochenende für 2 Personen in der Präsidentensuite mit Blick über die Stadt. Die Veranstaltung für ihre Mandanten hat sie zwischenzeitlich auch in dem Hotel durchgeführt mit größter Zufriedenheit. Fazit: Katharinas Besuch beim LADY BUSINESS CLUB und gutes Netzwerken war die Ausgangsbasis für eine erfolgreiche Zusammenarbeit.

Da ich selbst ein großes Netzwerk habe, bekomme ich oft Anfragen anderer Leute, ob ich jemanden aus diesen oder jenem Geschäftsbereich empfehlen kann. So bekam ich eines Tages den Anruf von **Frank S.**, ob ich ihm ein gutes Steuerbüro empfehlen könne. Er hatte die letzten Jahre mehrere Steuerbüros beauftragt und kam stets vom Regen in die Traufe. Statt Erleichterung bekam er immer mehr Stress, da die schlechte Leistung des einen Büros vom nächsten Büro noch übertroffen wurde. Ich muss dazu erwähnen, dass Frank S. kein kleiner Unternehmer ist. Er ist an mehreren Firmen beteiligt, hat mehrere eigene Firmen, und hier und da ist außerdem seine Frau beteiligt. Also kein leichtes Unterfangen für ein Steuerbüro – und die Anzahl der zu bearbeitenden Ordner war definitiv keine kleine Zahl. Ich überlegte, welcher der mir bekannten Steuerbüros geeignet wäre und empfahl eines davon. Ein dreiviertel Jahr später rief ich Frank S. an und fragte, wie die Zusammenarbeit lief. Er war sehr begeistert und lobte meine Empfehlung in höchsten Tönen. Endlich, so meinte er, hat er einen kompetenten Steuerberater, der Licht in seinen Dschungel brachte und sogar mit dem Finanzamt jetzt alles in Reine gebracht hatte. Monatelang hatte er schlaflose Nächte, da ständig neue Briefe vom Finanzamt kamen, die ihm Kopfschmerzen bereiteten. Einige Zeit nach diesem Gespräch traf ich den Steuerberater zufällig auf einer Veranstaltung und fragte auch ihn, wie die Zusammenarbeit lief. Auch er war begeistert von solch einem entscheidungsfreudigen und kooperativen Mandanten und bedankte sich noch einmal ausdrücklich bei mir für die Vernetzung. Der zusätzliche Umsatz, den er meiner Empfehlung verdankte, betrug ca. 20.000 €.

Melissa H. aus Potsdam besuchte den Unternehmerinnenkongress in Dresden und saß während eines Vortrages neben Birgit W. aus Hamburg. In der Pause kamen sie ins Gespräch und es stellte sich heraus, dass Melissa an der Nordsee ein hübsches Ferienhaus hat, welches sie vermietete, aber mit der Auslastung unglücklich war. Auch war sie den Aufwand leid, jedes Mal, wenn neue Mieter anreisten, an die Nordsee zu fahren, um das Haus zu übergeben. Sie hatte bereits mit einigen Hausverwaltungen zusammen gearbeitet, war aber nie wirklich zufrieden mit deren Leistungen. Birgit war ihr sofort sympathisch und zu ihrer größten Freude bot Birgit ihr an, sich ab sofort um das Ferienhaus und die Übergaben zu kümmern. Von Hamburg war es nicht weit an die Nordsee und ihr machte es großen Spaß, anreisende Urlauber zu begrüßen und sie für das hübsche Häuschen und die wunderschöne Landschaft zu begeistern. Nach dem Unternehmerinnenkongress schlossen sie einen Vertrag über die zukünftige Zusammenarbeit, denn beiden lag viel daran, trotz aller Sympathie die Dinge klar zu regeln. Birgit leistete hervorragende Arbeit, und inzwischen ist nicht nur das Ferienhaus die meiste Zeit ausgelastet, sondern es ist auch eine wunderbare Freundschaft zwischen Birgit und Melissa entstanden. Wäre auch nur eine der beiden nicht auf dem Unternehmerinnenkongress gewesen, wäre diese schöne Beziehung, die beide enorm bereichert, (wahrscheinlich) nicht zustande gekommen.

Sabine Piarry schrieb mir ihre Geschichte:

Was mein Flamenco-Lehrer ins Rollen brachte

Mit dreißig Jahren bildete ich mir ein, Flamenco zu lernen. Nach fünf Jahren Flamenco-Unterricht hörte ich auf, weil dieser Tanz nicht wirklich zu meinem Naturell passte. Mein Flamenco-Lehrer meinte, dass ich lieber Salsa ausprobieren sollte. Ich tat es und lernte beim Salsa-Unterricht einen Heilpraktiker kennen, der mich inspirierte, ganzheitlich zu denken. Er inspirierte mich noch zu mehr, aber das soll jetzt nicht Thema sein ;-)
Der Umgang mit vielen Therapeuten und anderen ganzheitlich orientierten Menschen gab die Initialzündung, 2002 „Netzwerk

Ganzheitlichkeit" zu gründen. Ich baute ein Präsenznetzwerk auf mit regelmäßigen Treffen in großen Städten Deutschlands. Das war anstrengend, aber eine spannende Zeit, in der ich auch mit Networking-Workshops durchstartete.

Bei einem Regionalgruppen-Treffen in Frankfurt fragte eine Heilpraktikerin, wer Lust habe, mit ihr zusammen im Sommer zu einem Yogaurlaub in die Provence zu fahren. Das sprach mich sofort an. Ich war dabei.

Zwei Jahre hintereinander fuhren wir gemeinsam in die Provence. Auch ohne Französischkenntnisse kamen wir gut zurecht und hatten viel Spaß. Was wir besonders mochten, waren die Märkte der Provence mit den würzigen Gerüchen und den bunten Farben. Wir kauften sonnengereiftes Obst und Gemüse, das köstlich schmeckte und das schon beim Kochen ein Genuss für alle Sinne war. An einem Sonntag kaufte ich auf dem Markt ein Glas Lavendelhonig. Der Blick des Imkers elektrisierte mich und ließ meine Knie weich werden. Ein Augenblick, der unser beider Leben auf wundersame Weise veränderte. Heute spreche ich Französisch und bin mit diesem faszinierenden Mann glücklich verheiratet. Was von damals bis heute alles passierte, muss auch irgendwann mal zwischen zwei Buchdeckel.

Ohne Flamenco kein Salsa und ohne Salsa kein „Netzwerk Ganzheitlichkeit" und ohne dieses Netzwerk kein Yogaurlaub in der Provence. Mein Flamenco-Lehrer war die Schlüsselperson für meinen Lebensweg. Zugegeben, das hört sich etwas dramatisch an. Aber wenn du überlegst, durch welche Menschen du Menschen, die in deinem Leben wichtig sind, kennengelernt hast, dann ist es eine Person, die vieles ins Rollen brachte...

Wir sind alle mit allen und allem verbunden. So, jetzt darfst du überlegen, wie deine Menschenkette aussieht und wer deinen Lebensweg maßgeblich beeinflusste. Und wenn du Lust hast, dann teile deine Erfahrung gerne mit uns.

Viele Grüße von Sabine Piarry.

MEINE PERSÖNLICHE ZITATESAMMLUNG

Platon *Ich kenne keinen sicheren Weg zum Erfolg, aber einen sicheren Weg zum Misserfolg: Es allen Recht machen zu wollen.*

Mutter Teresa *Lasse nie zu, dass du jemandem begegnest, der nicht nach der Begegnung mit dir glücklicher ist.*

William Shakespeare *Es gibt nichts Gutes oder Böses, erst unsere Gedanken machen es dazu.*

Anthony Robbins *Kein Ereignis hat irgendeine Macht über mich, außer der, die ich ihm in Gedanken gebe.*

Johann Wolfgang von Goethe *Wer nicht neugierig ist, erfährt nichts.*

Christoph Lehmann *Wer sich des Fragens schämt, der schämt sich des Lernens.*

Marissa Mayer *Wer Informationen teilt, hat Macht. Teilt alles mit allen. Je wertvoller Eure Informationen sind, desto besser. Wer etwas teilt, baut ein Netzwerk auf. Ein Netzwerk führt zu Zusammenarbeit, Zusammenarbeit führt zu Kreativität und Innovation – und die verändern die Welt.*

Martin Walser *Der Mensch ist ja nicht der, der er ist, sondern der, der er sein will. Wer ihn an seinen Wünschen packt, hat ihn.*

Hermann Tietz *Qualität bedeutet, der Kunde kommt zurück, nicht die Ware.*

Woody Allen *Das Leben besteht zu drei Vierteln daraus, sich sehen zu lassen.*

Walter Jens *Die entscheidenden Veränderer der Welt sind immer gegen den Strom geschwommen.*

Mark Twain *In 20 Jahren wirst Du dich mehr ärgern über die Dinge, die du nicht getan hast, als über die, die du getan hast. Also wirf die Leinen und segle fort aus deinem sicheren Hafen. Fange den Wind in deinen Segeln. Forsche. Träume. Entdecke.*

Albert Einstein *Wer nie einen Fehler beging, hat nie etwas Neues ausprobiert.*

Joanne K. Rowling *Jeder erleidet irgendwann einmal Rückschläge. Es ist unmöglich, im Leben ohne sie auszukommen – es sei denn, ihr lebt extrem vorsichtig und vermeidet sie. Aber dann war euer Leben umsonst – und automatisch ein einziger Rückschlag.*

Oprah Winfrey *Denke wie eine Königin. Eine Königin hat keine Angst zu scheitern. Scheitern ist ein weiteres Sprungbrett zur Größe.*

Richard Branson *Wenn Du etwas Neues probierst, weisst Du nie, was passieren kann. Das sind alles Experimente.*

Madonna *Eine Menge Leute haben Angst zu sagen, was sie möchten. So bekommen sie auch nicht, was sie möchten.*

Norman Vincent Peal *Wenn Gott dir ein Geschenk machen will, verpackt er es in ein Problem.*

Thomas Alva Edison *Genie ist 1% Inspiration und 99% Transpiration.*

Antoine de Saint-Exupéry *Wenn du dich weigerst, die Verantwortung für deine Niederlagen zu übernehmen, wirst du auch nicht für deine Siege verantwortlich sein.*

Marie von Ebner-Eschenbach *Müde macht uns die Arbeit, die wir liegenlassen, nicht die, die wir tun.*

VON HERZEN DANKE...

... an mein Team, für eure Unterstützung.
... an meine Freundinnen und Freunde, für eure Treue.
... an meinen Bruder, für deine Nähe, trotz der Ferne.
... an meine Eltern, für eure uneingeschränkte Liebe .
... an meine Söhne, für alles, was ich durch euch lernen durfte.
... an meinen Mann, der du immer an mich glaubst.

Schön, dass es euch gibt und dass ihr für mich da seid – auf eure Weise.

Eure Daniela

MEHR ZU DANIELA KREISSIG

www.danielakreissig.de/mentoring
www.danielakreissig.de/facebook
www.unternehmerinnen-kongress.de

ONLINEKURS
„MARKE ICH - ERFOLGREICH MIT EIGENMARKETING"

Im Kurs lernst du:

- ✔ wie du deinen idealen Kunden findest
- ✔ wie du deinen ganz persönlichen Elevator Pitch entwickelst
- ✔ wie du deinen Außenauftritt perfektionierst
- ✔ wie du Social Media für dein Business nutzt
- ✔ wie du auf Veranstaltungen neue Kontakte knüpfst

JETZT BUCHEN UND SOFORT STARTEN:
www.danielakreissig.de/onlinekurs

KOMMEN SIE ZU UNS IN DEN LADY BUSINESS CLUB
GEMEINSAM ERFOLGREICH

UNSERE ZIELE

- ✓ Kontakte zu interessanten und erfolgreichen Personen bekommen und nutzen
- ✓ Tipps, Strategien und Erfolgskonzepte erfahren
- ✓ Erfolgreicher durch gegenseitige Unterstützung, nicht nur im Business
- ✓ Spaß haben und die (Business)Welt verbessern

WIR BIETEN UNSEREN MITGLIEDERN

- ✓ regelmäßige Clubtreffen
- ✓ Mentoring
- ✓ Gemeinsame überregionale Aktivitäten,
- ✓ Firmenbesichtigungen, Powertalks, Sommerfest
- ✓ Präsentation und Verlinkung auf unsere Website
- ✓ Spannende und interessante Persönlichkeiten aus Wirtschaft, Politik und Unterhaltung
- ✓ Spaß, gute Laune und Erfolg !

www.ladybusiness-club.de

SIE WOLLEN DEN CLUB AUCH IN IHRER STADT ORGANISIEREN? MELDEN SIE SICH GERN BEI UNS!

edition **Coaching & More**
Herausgegeben von Stefan Baumgarth und Inge Bell

Band 1
Daniela Kreissig, *Authentisch netzwerken. Wie Sie als Geschäftsfrau glaubwürdig auftreten, als Profi punkten und Gleichgesinnte gewinnen.* 2017, 122 S., ISBN 978-3-96111-615-7.

Band 2
Olaf Cordes, *Sind Sie noch ganz echt? Mut zur Authentizität.* Mit Illustrationen von Phil Stauffer. 2017, 98 S., ISBN 978-3-96111-616-4.

www.edition-coaching.info